NOTICE BIOGRAPHIQUE

DE

MME D'ELBREIL

[illegible handwritten note]

NOTICE BIOGRAPHIQUE

DE

MME D'ELBREIL

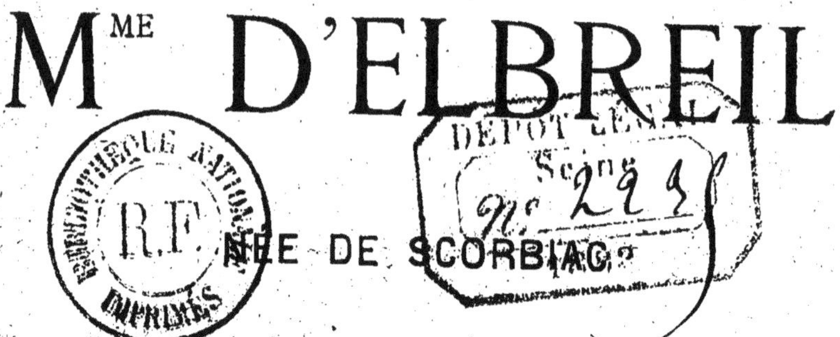

NÉE DE SCORBIAC

———✦·❆·❈·❆·✦———

PARIS-AUTEUIL

IMPRIMERIE DES APPRENTIS-ORPHELINS. — ROUSSEL,
40, RUE LA FONTAINE, 40.

—

1882

PROLOGUE

« Nous voici donc séparés pour toujours, ici-bas, d'une de ces âmes d'élite qui sont enlevées à la terre parce que sans doute la terre n'était plus digne de les posséder, ou plutôt parce qu'elles étaient décidément mûres pour le ciel. On suit facilement leur trace dans le monde à la traînée odorante que laisse après elles le doux parfum de leurs vertus ; et quand, dégagées de l'enveloppe grossière qui les retenait captives, elles se sont envolées dans le sein de Dieu, on retrouve encore ici-bas, dans le lieu d'exil qui les a abritées, la voie sainte qu'elles y ont suivie, aux empreintes profondes, ineffaçables qu'ont laissées leurs exemples et leurs bonnes œuvres : *Transierunt benefaciendo.*

« Telle était Mme d'Elbreil, née de Scorbiac, qui vient de s'endormir doucement dans le Seigneur, entourée de sa nombreuse famille que sa perte plonge dans une profonde et trop juste affliction. »

1

Telles sont les quelques lignes par lesquelles un journal annonçait, vers la fin de mai 1854, la perte que la famille d'Elbreil venait de faire. Toutes brèves qu'elles sont, elles en disent assez, sous leur forme vague, pour faire désirer de connaître plus en détail cette pieuse existence. La vertu en action, d'ailleurs, impressionne plus vivement et laisse des traces moins fugitives, et autrement efficaces dans les cœurs, que le meilleur traité théorique du devoir qui se bornerait à en formuler les règles, rechercher ses origines et en exalter les mérites. Aussi croyons-nous que rien ne concourt plus efficacement à la propagation du bien que ces simples récits, où de pareils exemples peuvent être exposés, sans autre parure que la vérité, sous les yeux du lecteur.

Nous allons donc essayer de retracer les principaux traits de cette vie. Puissions-nous faire passer dans l'âme de ceux qui nous liront, les sentiments d'admiration respectueuse et de profonde vénération dont nous nous sentons pénétré, nous-même, pour la sainte mémoire de Mme d'Elbreil, née de Scorbiac, et leur inspirer le désir de l'imiter.

I

Venue au monde vers la fin du dix-huitième
siècle, Mlle Charlotte Guichard de Scorbiac
avait vu naître, se développer et sévir l'horrible
crise révolutionnaire, pendant laquelle notre
belle France faillit s'abîmer et disparaître dans
des flots de sang. Cruellement ballottés par la
tourmente, tous les siens avaient été successivement emprisonnés ou bannis, et elle ne fut
guère en position de goûter le bonheur de cette
vie de famille dont elle devait avoir, plus tard, à
savourer surabondamment les douceurs. Aussi,
abreuvée d'amertume toute jeune encore, son
âme acquit-elle une maturité précoce, et tous
les élans de son cœur aimant se dirigèrent-ils
vers le ciel, d'où lui vinrent à la fois force, lumière et consolation, durant les rudes épreuves
qu'elle eut à traverser.

C'est dans ces dispositions qu'arrivée à cette
époque de la vie où le Dieu de toute sainteté

daigne venir, pour la première fois, faire son entrée dans nos cœurs, Mlle de Scorbiac se pré-para, avec une ferveur angélique, à ce grand acte chrétien dont elle comprenait toute la grandeur. Mais Dieu seul a connu les aspirations ardentes dont ce cœur virginal, qui brûlait de s'unir à lui, fut en ce moment embrasé ; car Mlle de Scorbiac était douée d'une modestie rare et profondément pénétrée d'une humble et très sincère défiance d'elle-même. Devenue femme et mère de famille, elle a toujours continué à s'ignorer elle-même, et elle s'est toujours crue, de très bonne foi, la moins digne de toutes les personnes avec lesquelles elle s'est trouvée en rapport. Pendant qu'en réalité elle les y devançait toutes, elle se croyait la plus attardée dans les voies de Dieu. Aussi la pensée ne lui est-elle jamais venue de faire connaître les pieuses impressions de son âme, et de dévoiler les sentiments d'amour de Dieu qui durent, en ce moment, remplir son cœur des plus doux et des plus ardents transports.

Cette émouvante cérémonie de la première communion s'était accomplie pour elle dans des circonstances tout à fait exceptionnelles. On était alors en pleine terreur. Nos temples saints étaient fermés, et les prêtres proscrits ; toute cérémonie religieuse était sévèrement interdite. L'infraction à cette règle, tout accomplie qu'elle eût été dans le secret du foyer domestique, était punie de mort. C'est donc avec les plus minutieuses précautions qu'on avait recours au ministère des rares ecclésiastiques qui n'avaient pas fui devant la persécution. Il s'en trouva toujours quelques-uns qui bravaient les supplices, pour ménager les consolations religieuses aux âmes fidèles qui, dans ces temps malheureux, en ressentaient plus que jamais le besoin.

La veille du grand jour fixé pour la première communion de Melle de Scorbiac, trois petits coups étaient discrètement frappés, à l'entrée de la nuit, à la porte de l'hôtel de la rue Cours de Toulouse où elle habitait avec sa mère. Le concierge, un vieux serviteur fidèle et absolument dévoué à ses maîtres, qui avait été prévenu d'avance, s'empressa d'ouvrir. Il introduisit en silence l'étranger, dont l'accoutrement grossier et entièrement profane de garçon perruquier ne laissait guère soupçonner la situation sociale et le caractère sacerdotal. Mais il était bien connu du vieux concierge : car il ne se passait pas de semaine qu'il ne vînt, à une heure plus avancée de la nuit toutefois, pour procurer à Mme de Scorbiac et à sa fille le bonheur d'assister à la célébration des saints mystères.

Ce soir-là, il avait devancé l'heure accoutumée, pour avoir avec la jeune fille quelques entretiens pieux, comme dernière préparation au grand acte qu'elle allait accomplir. Il y avait d'ailleurs à entendre la confession de la mère et de la fille ainsi que celle des deux vieilles servantes qui voulurent, elles aussi, prendre leur part de bonheur et s'asseoir à la table sainte auprès de leur jeune maîtresse.

Minuit avait à peine sonné qu'on gravit silencieusement les nombreux degrés qui conduisent à la très modeste mansarde dont la pauvre apparence ne pouvait guère dévoiler la haute destination. Ses murs sont dénudés : une pauvre table de bois blanc, recouverte d'une blanche nappe de fin lin sur laquelle est déjà placée la pierre sacrée du sacrifice, sert d'autel ; une croix de bois noire avec une assez belle statuette du Christ en ivoire et deux chandeliers des plus modestes, surmontés de deux bougies écourtées, formaient l'ameublement religieux de l'humble sanctuaire ; ce jour-là cependant pour donner à la mansarde un aspect un peu moins en désaccord avec la solennité, on avait recouvert la muraille à laquelle l'autel était adossé, avec une toile reluisante de blancheur et parsemée de rares bouquets de fleurs naturelles qui commençaient à peine de s'épanouir, sous la tiède haleine des premiers jours du printemps. En outre, deux cierges de plus que d'habitude brûlaient, de chaque côté de la croix.

Privée depuis longtemps de la vue des cérémonies du culte catholique, si belles d'ordinaire dans nos temples saints, la jeune fille se sentit vivement impressionnée du modeste surcroît de solennité donné, ce jour-là, à la célébration du saint sacrifice de la messe, et elle se laissa aller aux sentiments d'amour et de reconnaissance qu'excitait en elle la prise de possession de son âme par le Dieu du ciel, son créateur. On les devinait à son attitude profondément recueillie, prosternée, anéantie. Un ange seul pourrait redire ses pieuses et saintes ivresses quand la victime du divin sacrifice, voilée sous l'apparence du pain matériel, vint reposer sur sa langue virginale, descendre dans son cœur et en prendre une possession désormais absolue et incontestée.

Une chose cependant avait manqué à son bonheur; son pauvre père, arrêté plusieurs mois auparavant et jeté dans les cachots révolutionnaires avec tout ce qu'il y avait d'honnête et de justement considéré dans la ville, était encore sous les verrous et n'avait pu s'asseoir, auprès d'elle, à la table sainte. Il n'avait pu être témoin de son bonheur. Peut-être, déjà hélas ! était-il compris dans la liste fatale des victimes désignées, comme tant d'autres, au dernier supplice ? Ces sombres et douloureuses appréhensions, mêlées aux effusions déjà si vives de la prière, en décuplèrent la ferveur. Quelle ne dut pas être l'ardeur de ses supplications, quand elle invoqua son divin Sauveur reposant à cette heure dans son âme, pour la conservation de jours si chers et si menacés ! Oh ! avec quel empressement courut-elle, le lendemain, vers la prison, où, à cause de son âge, elle était encore parfois admise à voir le malheureux captif ! Qu'étroite et attendrie dut être son étreinte filiale ! Que de larmes furent versées dans ce mutuel épanchement ! Tout contraint et muet qu'il dut être par crainte du farouche gardien qui était là épiant leurs paroles, ces deux cœurs s'étaient bien compris ; et le Ciel dut inscrire à leur avoir, dans le livre de la vie, le mérite de la résignation et la générosité du sacrifice que l'un et l'autre eurent à s'imposer.

On comprend qu'une enfance écoulée au milieu de semblables épreuves dut mûrir de bonne heure l'âme de Mlle de Scorbiac et tremper fortement son caractère. Dès ce moment, elle avait résolu de ne plus marchander avec le bon Dieu et de lui faire généreusement tous les sacrifices qu'elle pouvait supposer lui être agréables. Dès ce moment les fêtes et les plaisirs du monde lui apparurent dans toute leur nudité : elle en comprit, par une sorte d'intuition divine, tout le vide, comme elle en pressentit tous les dangers. Aussi la verrons-nous par la suite paraître dans les grandes réunions mondaines, parce que la position de sa famille et les fonctions occupées par celui qui, plus tard, obtint sa main lui en faisaient un devoir : mais toujours maîtresse d'elle-même et de ses pensées, fidèle aux résolutions de ce grand jour, elle tenait soigneusement son cœur recueilli, en la présence de Dieu, et complètement éloigné de tout le mouvement qui pouvait tourbillonner autour d'elle.

II.

C'est peu de temps après ce grand événement de sa vie chrétienne que Mlle de Scorbiac eut le bonheur de voir se dissiper les douloureuses perplexités que lui causait la captivité prolongée de son père. Dans les premiers jours de mai de l'année suivante, le triumvirat sanguinaire qui terrorisait la France fut renversé, et les malheureux prisonniers qui gémissaient dans les cachots, en attendant que leur tête vînt rouler sur l'échafaud, furent enfin rendus à la liberté. M. de Scorbiac vit donc, lui aussi, tomber les liens qui le retenaient captif, et il put revenir au milieu des siens.

Avons-nous besoin de dire, par quels redoublements de tendresse, sa fille s'efforça de lui faire oublier les cruelles angoisses qui avaient si longtemps torturé son cœur d'époux et de père?

La chute de Robespierre et de ses farouches collègues avait mis fin sans doute au lugubre régime de la terreur dont ils étaient les inventeurs et la personnification à jamais maudite : mais les lois draconiennes, promulguées durant cette sanglante période, existaient toujours.

Les cinq directeurs, dont se composait le nouveau pouvoir exécutif, en laissaient volontiers sommeiller l'application. Mais, chaque fois qu'ils se croyaient menacés, ils n'hésitèrent jamais un instant à aller puiser, dans cet arsenal législatif, la justification des mesures les plus violentes de la transportation arbitraire de leurs ennemis et parfois même de leur exécution sommaire.

Chacun de ces retours offensifs du terrorisme révolutionnaire faisait de nouvelles victimes ét jetait l'effroi dans le cœur de tous les honnêtes gens, en leur montrant, suspendues encore sur leur tête, les violences dont ils avaient déjà eu tant à souffrir.

C'est, pour échapper à ces dangers toujours renaissants. que M. de Scorbiac résolut de quitter la ville, et il alla, avec sa famille, demander à la solitude ignorée d'une terre lointaine le repos et la sécurité qu'il ne pouvait plus retrouver à Montauban. Il put ainsi échapper, sans en ressentir le moindre contre-coup, aux secousses diverses dont la province était ébranlée à chacune de ces commotions politiques qui vinrent si fréquemment bouleverser Paris, durant l'ignominieuse et trop longue existence du Directoire. Il disparut définitivement au 18 Brumaire. Il fut remplacé, à cette date, par le Consulat qui permit à la France de retrouver enfin un peu de liberté et de calme sous la protection des lois et l'épée victorieuse de Napoléon. Les perturbateurs du repos public, impuissants et découragés, parce qu'ils étaient certains désormais de voir leurs tentatives de désordre énergiquement comprimées, ne descendirent plus dans la rue, et la société française sembla renaître et fleurir comme par enchantement du milieu de ses ruines. Le calme s'établit partout, les églises se rouvrirent, les autels se redressèrent, et l'on put enfin respirer une atmosphère à peu près rassérénée.

M. de Scorbiac délivré, lui aussi, des appréhensions trop bien fondées qui l'avaient forcé de s'éloigner, reprit le chemin de sa ville natale avec tous les siens et vint s'installer dans son hôtel de Montauban. Plusieurs années s'étaient écoulées depuis qu'il l'avait quitté, et c'eût été une bien douce joie pour lui de revoir ses chers foyers, si d'amers souvenirs n'eussent point été là, toujours poignants, pour en empoisonner la jouissance. L'un de ses frères avait été lâchement massacré avec tous les officiers de son régiment, et l'autre, vaillant soldat de l'armée de Condé, ne pouvait encore, sous peine de mort, rentrer sous le toit paternel.

Pour Mlle de Scorbiac, elle était toute à la joie de revoir cette maison paternelle où s'était écoulée son enfance, et, pleine encore des souvenirs de ce grand jour de la première communion, elle s'empressa de gravir les marches de l'escalier qui la conduisirent à la pauvre mansarde témoin de son bonheur. Elle s'aperçut à peine que les murs complètement dénudés n'avaient conservé aucun signe extérieur de sa précédente destination et, toute à ses souvenirs pieux, elle tombe à genoux à cette même place où, quatre ans auparavant, elle avait senti son cœur inondé des plus suaves ravissements. Avec quelle douce effusion, son âme épancha-t-elle dans le sein de Dieu les sentiments d'amour et de reconnaissance dont elle était remplie. Elle renouvela les solennelles promesses de ce grand jour, d'être toute à lui, partout où il lui plairait de l'appeler

III

Toujours demeurée comme un type parfait de la vierge chrétienne et de la fille tendrement dévouée, Mlle de Scorbiac s'estimait parfaitement heureuse entre son père et sa mère et ses trois frères, plus jeunes qu'elle ; sa pensée pleine d'innocence ne s'était jamais égarée à rien rêver ni souhaiter au delà de ce présent qui remplissait son cœur. Le moment allait cependant bientôt arriver, où elle serait appelée à devenir aussi un modèle accompli d'épouse et de mère.

La position sociale de M. de Scorbiac, sa belle fortune, dont il avait toujours fait un noble usage, et sa parfaite honorabilité attiraient sur lui l'attention et le plaçaient au premier rang dans la ville. Aussi, quand il rouvrit ses salons que les malheurs du temps avaient forcément tenus si longtemps fermés, la société montalbanaise s'empressa-t-elle d'y affluer. Sa fille n'avait jamais eu jusque-là l'occasion de se produire dans le monde : néanmoins, elle s'y fit remarquer, dès le début, par l'aisance distinguée, mais pleine de naturel de ses manières et le modeste enjouement de son caractère. La blancheur de son teint,

la régularité de ses traits et la limpidité pleine
de candeur de son regard donnaient à sa physionomie une expression de douceur et de simplicité virginale qui séduisait tous les cœurs.
Elle seule semblait ignorer les avantages extérieurs dont elle était douée, et jamais la pensée
ne lui était venue d'en augmenter les charmes
par les recherches de la parure. Toujours cependant très convenable dans sa mise, elle se
faisait remarquer uniquement par la simplicité
et le bon goût de sa toilette.

Elle touchait, à ce moment, à la dix-neuvième
année de son âge. Ses parents, tout peinés
qu'ils pussent être d'avoir à se séparer bientôt
d'une fille si attachante et si dévouée, durent
songer à son avenir et s'occupèrent sérieusement de l'établir. Plusieurs partis s'étaient déjà
présentés. Au nombre des prétendants à la
main de Mlle de Scorbiac figurait M. d'Elbreil,
ancien avocat général à la cour des aides de
Montauban. Issu, comme elle, d'une famille des
mieux posées de la ville, comme elle il avait été
élevé à l'école du malheur. Les événements
avaient mis en relief à la fois sa rare intelligence et la forte trempe de son caractère, comme
les sentiments élevés et tout chevaleresques de
son cœur droit et généreux. Les relations qu'il
avait eues, de tout temps, avec M. de Scorbiac et

l'étroite amitié qui le liait à ses deux frères, dès l'enfance, permettaient à celui-ci de le connaître à fond et d'apprécier toute sa valeur. Aussi n'hésita-t-il pas un instant à arrêter, sur lui, son choix.

Restait à savoir si les goûts et les préférences de sa fille viendraient concorder avec les siens. Il pouvait bien être sans inquiétude; car Mlle de Scorbiac, quoique la plus intéréssée dans une négociation de ce genre, y était demeurée absolument étrangère. Comme elle n'avait jamais laissé pénétrer dans son cœur pur le moindre sentiment profane qui eût pu en troubler la sérénité, elle se reposait entièrement sur Dieu du soin de fixer sa destinée, bien décidée d'avance à conformer sa volonté à la sienne, quand elle lui serait manifestée par celle de ses parents. Aussi, lorsque ceux-ci lui eurent fait connaître le choix qu'ils avaient fait de M. d'Elbreil, comme leur présentant le plus de garantie pour son bonheur, elle y souscrivit, sans empressement ni hésitation, avec le confiant abandon d'une enfant bien chrétiennement élevée, qui ne voit que par les yeux de sa mère et n'a d'autres désirs et d'autres volontés que les siens, parce qu'elle sait bien que c'est Dieu lui-même qui lui a parlé par sa bouche et celle de son père.

A partir de ce moment, son cœur et sa vie furent à jamais voués à celui que ses parents avaient jugé digne d'unir sa destinée à celle de leur chère enfant. Est-il besoin d'ajouter que ce projet d'alliance fut placé immédiatement par la pieuse enfant sous les auspices de la divine Mère de son Sauveur? Elle comprit, dès le premier moment, tout ce qu'il y avait de sérieux dans la nouvelle voie qu'elle allait avoir à suivre, et elle sut, en s'y engageant, échapper aux entraînements et aux illusions pleines de périls qui absorbent et qui étourdissent, en pareille occasion, la plupart des jeunes filles de son âge. Elle ne vit dans le mariage que la dignité du Sacrement auquel l'Eglise l'a élevé, et elle se prépara à le recevoir avec la gravité réfléchie et la piété d'une véritable enfant de la divine Marie à laquelle, depuis longtemps, elle avait offert son cœur et voué sa vie.

Ecrite au ciel sans doute, et célébrée sous d'aussi pieux auspices, cette union réalisa toutes les espérances qu'elle avait fait naître, et jamais le plus léger nuage n'est venu, dans la suite, en altérer un instant le bonheur.

IV

Il est indispensable de suspendre quelques
instants notre récit pour arrêter notre attention
sur l'état de la société à cette époque et le caractère particulier qu'elle avait subi à Montauban,
au moment où Mme d'Elbreil (c'est le seul nom
que nous lui donnerons désormais) se disposait
à y prendre position.

L'année 1802 touchait à sa fin. La société fran-
caise éprouvait encore les derniers ébranlements
de cette fiévreuse agitation de fêtes et de plaisirs
que lui avait imprimée, dès son apparition, le
gouvernement du Directoire. Etait-ce calcul ou
entraînement personnel de la part des hommes
qui le composaient? Etait-ce une réaction spontanée de la part de cette société parisienne si légère
et si étrangement passionnée pour les plaisirs
mondains, dont le malheur des temps qui avaient
précédé l'avait si longtemps privée? nous n'a-
vons pas à le rechercher ici. Mais cette frénésie

de fêtes, que je ne crains pas d'appeler licen-
cieuses, n'en est pas moins un fait acquis à l'histoire. Il n'est pas moins indubitable que la province elle-même, ordinairement plus calme et
plus retenue, en avait, à son tour, subi l'impulsion heureusement bien affaiblie.

En 1802, deux ans s'étaient écoulés déjà depuis
la chute du directoire. Le pouvoir exécutif qui
l'avait supplanté à la Direction des affaires gou-
vernementales, dans la personne des trois con-
suls, fut bientôt dominé et absorbé en quelque
sorte par la puissante personnalité de l'un d'eux,
le général Bonaparte. Non content du titre de
premier consul qui lui donnait la plus grande
part de l'autorité, il se fit bientôt proclamer consul à vie... Et, pour mieux assurer la réalisation
de ses ambitieuses visées, il crut devoir endormir l'attention publique en continuant, de plus
belle, la démoralisante tradition du Directoire.

Montauban avait entendu l'écho lointain de
ces bruyantes fêtes et avait voulu aussi avoir
les siennes. Mais, données dans un milieu plus
calme et surtout plus moral, elles n'y atteignirent
jamais le luxe, ni la multiplicité, ni surtout la
licencieuse immodestie des toilettes étalées par
la société parisienne.

Que fera Mme d'Elbreil, éloignée jusqu'à ce
jour du tourbillon du monde ? Elle ne s'y sentait

nullement attirée par ses goûts, encore moins
par ce vif désir de plaire, toujours si dangereux
pour la vertu, qui tourmente la plupart des
femmes qui le fréquentent. Mais M. d'Elbreil,
par ses fonctions et la situation que les événements lui avaient faite à Montauban, y était
trop en vue pour qu'il pût se dispenser de se
mêler à ces fêtes. Il le pouvait encore moins,
lui semblait-il, depuis qu'il s'était marié. Il connaissait, d'un autre côté, et il savait apprécier,
comme ils le méritaient, les sentiments et les
goûts de sa femme, et il lui en coûtait beaucoup
de les contrarier. Il se décida cependant, avec
toutes sortes de ménagements, à la pressentir sur ce qui lui paraissait être une nécessité de
sa situation. Du premier coup d'œil, Mme d'Elbreil en saisit toutes les exigences et se montra toute disposée à accompagner son mari.
Comme c'était uniquement pour lui plaire qu'elle
s'était résignée à renoncer à ses goûts de retraite, c'est uniquement pour lui être agréable
qu'elle soignait, de son mieux, sa toilette ; mais
elle évitait, avec le même soin, une recherche
trop luxueuse et jusqu'à l'apparence d'une parure immodeste.

Bien accueillie partout, elle attirait l'attention
par l'aisance gracieuse de son maintien et le naturel souriant et sympathique de son abord. On

comprenait vraiment, à son attitude constamment avenante, mais toujours digne, que, malgré le tourbillonnement étourdissant dont elle était entourée, le souvenir de la présence de Dieu n'abandonnait pas un instant sa pensée. Elle ne nous en a jamais fait la confidence (nous avons dit précédemment par quel sentiment essentiellement chrétien elle avait toujours gardé le silence le plus absolu sur ce qui se passait dans son âme) mais ce que nous savons, parce que d'autres en ont été les témoins et ont pu nous le dire, c'est qu'à peine rentrée chez elle, à la sortie du bal, elle courait à son prie-Dieu, impatiente, semblait-il, de se faire pardonner par son divin Sauveur ces longues heures perdues loin de lui, et de les racheter par un redoublement de prières et de ferveur.

Malgré ces impressions, elle se rendait toujours néanmoins de si bonne grâce aux désirs de son mari, chaque fois qu'une nouvelle invitation leur était adressée, que celui-ci ne parut jamais alors se douter de la grandeur du sacrifice qu'elle s'imposait pour lui plaire et pour accomplir ce qu'elle croyait être, à ce moment, un devoir. S'il en eût été autrement, il n'aurait pas sans doute poussé aussi loin ses exigences, ainsi que le prouve le soin qu'il mit plus tard, d'accord avec elle, à bannir d'une manière abso-

lue la danse de ses salons et à tenir les quatre
filles que le Ciel leur donna éloignées de ceux
où cet amusement dangereux avait été intro-
duit. Sévérité outrée, dira quelqu'un peut-être !
Scrupule des mieux motivés, pourrons-nous répondre avec plus de raison, habitude des plus
respectables qu'on n'aura jamais lieu de regretter ! On ne peut que louer les sentiments vraiment chrétiens des familles dans lesquelles cette
pieuse tradition s'est conservée comme dans la
leur. Et si un homme comme M. d'Elbreil, que
personne n'osera certes taxer d'esprit étroit et
d'intelligence peu développée, a partagé ce sentiment sur la danse et l'a proscrite de chez lui, il
faut croire qu'il avait de bonnes raisons pour en
agir ainsi, et que sa propre expérience avait dû
lui montrer, d'une manière évidente, l'incontestable danger de ce genre de divertissement.

Mme d'Elbreil, dont nous venons de dire les
actes de complaisance et d'abnégation, n'eut
pas du reste bien souvent, depuis cette époque,
l'occasion de les renouveler. Le carnaval n'était
pas, cette année-là, de très longue durée. Le
carême mit naturellement fin à ces bruyantes
fêtes : la belle saison étant venue, presque
aussitôt après Pâques, l'attrait de la solitude embaumée des champs dispersa, de
côté et d'autre, une bonne partie de la société

montalbanaise ; et faute d'éléments suffisants, les fêtes furent naturellement ajournées à l'hiver suivant.

Durant cet intervalle, Mme d'Elbreil mit au monde le premier de ses enfants, et, comme elle ne voulut confier à d'autres qu'à elle-même le soin de l'allaiter, elle se trouva dans l'impossibilité, quand même elle l'eut voulu, de se plier aux assujettissements forcés qu'exige la fréquentation des fêtes du grand monde. Six autres enfants vinrent successivement, à des distances assez rapprochées, compléter sa nombreuse famille. Croyant de son devoir de les nourrir elle-même, ainsi que sa forte constitution le lui permettait, elle les allaita tous. Chaque nouvel hiver vit ainsi renaître en quelque sorte la même impossibilité de paraître dans les soirées et ceux mêmes qui les fréquentaient le plus assidûment ne purent critiquer une absence aussi bien motivée. On se déshabitua si bien de l'y voir paraître qu'on s'aperçut à peine qu'après la cessation de ces empêchements elle continuait à s'en tenir éloignée.

M. d'Elbreil fut nommé, en 1817, sous-préfet de Moissac, et le caractère donné aux réceptions que ses fonctions lui imposaient d'ouvrir dans les salons de la sous-préfecture est la preuve bien concluante de la concordance de manière

de voir, entre sa femme et lui, à ce sujet, dont
nous parlions tout à l'heure. Absolument libres
d'organiser leurs soirées comme ils l'enten-
daient, jamais aucun bal ni une soirée dansante
n'y furent donnés. On se borna toujours à
organiser plusieurs parties de whist, de boston
et d'écarté, durant lesquelles on faisait circuler
incessamment les rafraîchissements les plus
variés. Les conversations s'engageaient vives et
animées, mais toujours très courtoises, entre
ceux qui n'avaient pu trouver place au jeu ou
qui n'en avaient pas le goût. Les affaires locales
ou les événements politiques du moment, qui,
sans avoir l'agitation inquiétante de ceux de
nos jours, n'en excitaient pas moins un intérêt
des plus vifs, en faisaient tous les frais. Si parfois
la conversation venait à languir dans un des
groupes, M. d'Elbreil, qui avait l'attention de se
mêler alternativement aux uns et aux autres, se
rapprochait de celui-ci, et, ramenant adroitement
la conversation sur la période révolutionnaire
ou celle qui l'avait immédiatement précédée,
il ravivait l'attention par l'exposé piquant de
certaines organisations sociales ou politiques de
cette époque que la Révolution avait fait disparaître ou par la narration d'un des nombreux
épisodes plus ou moins dramatiques qui avaient
signalé presque tous les instants de sa vie de

proscrit, pendant la Terreur. Le temps s'écoulait ainsi, à la satisfaction de tous, jusqu'au moment où, les parties étant terminées, chacun se retirait de dix heures et demie à onze heures, qui étaient l'extrême limite des soirées du grand monde à cette époque, du moins en province.

V

Nous nous sommes peut-être trop appesantis sur ce sujet, et nous avons groupé des faits appartenant à des époques fort éloignées les unes des autres, mais afférent au même ordre choses, afin de faire mieux ressortir l'ensemble des idées de Mme d'Elbreil sur le monde et ses plaisirs.

Nous allons maintenant retourner en arriére pour la suivre dans l'intérieur du foyer domestique et initier le lecteur à la maniére dont elle s'acquittait de certains devoirs de maîtresse de maison, qui sont généralement les moins prisés.

L'intérieur que M. d'Elbreil avait eu à offrir à sa jeune épouse était privé, depuis bien des années, de l'œil vigilant d'une femme, dont un homme, pour si bien avisé qu'il soit, ne pourra jamais suppléer suffisamment le savoir-faire. Sa mère était décédée en 1786; son père, alors conseiller sous-doyen à la cour des aides de Montauban, avait pu veiller à ce que tous les soins indispensables de conservation fussent continués dans la maison. Mais combien, dans des temps aussi troublés que ceux que l'on avait eu à traverser, ils avaient dû laisser à désirer ! Depuis le jour où ils avaient eu le malheur de perdre leur père, ses trois fils avaient continué à vivre, en commun, dans la maison paternelle. Cinq ans s'étaient écoulés ainsi. Il est dès lors facile de se faire une juste idée du triste état où avait dû tomber, durant ce laps de temps, le mobilier et la lingerie surtout qu'on avait forcément abandonnée aux soins d'une mercenaire. Mme d'Elbreil avait bien pressenti qu'il devait y avoir beaucoup à faire. Mais sa première visite à l'office, à la lingerie et dans les diverses pièces de la maison lui découvrit bientôt toute l'étendue de sa tâche.

L'habitation était vaste; mais, à part sa chambre à coucher dont tout le mobilier avait été renouvelé, le cabinet de travail de son mari, le salon de compagnie et la salle à manger qui avaient été soigneusement restaurés, tout le reste présentait l'image du plus complet abandon. L'ameublement des chambres à coucher était composé d'un mélange confus de meubles dépareillés et mal assortis. Les couchettes, ici surabondantes, faisaient presque complètement défaut ailleurs. La cuisine était très abondamment pourvue d'ustensiles en cuivre et autres : mais ils étaient pour la plupart mal étamés et encore plus mal fourbis.

Arrivée à la lingerie, cette pièce de prédilection de la bonne ménagère, et à laquelle elle donne de préférence ses soins les meilleurs et les plus assidus, Mme d'Elbreil fut tristement affectée de son aspect. Au lieu de cet agencement coquet et symétrique qui classe, à part, toutes les pièces de linge, par nature de destination et suivant la qualité du tissu ou l'ancienneté de son service, c'était ici un disgracieux et désespérant pêle-mêle. Un drap de maître était accolé parfois à une toile plus grossière évidemment destinée au lit d'un domestique. Le linge de table se trouvait souvent confondu avec celui qni était destiné à la toilette, l'œil de perdrix avec le damassé et le treillis grossier, sorti de l'atelier primitif d'un tisserand campagnard, venait parfois compléter la douzaine de serviettes du plus fin tissu de Flandre. A part quelques services de table, en parfait état de conservation, le reste était plus ou moins constellé de certaines solutions de continuité qui appelaient en vain, depuis longtemps, le fil réparateur de la ravaudeuse

Toute autre que Mme d'Elbreil aurait pu être complètement découragée en présence de cet état de choses, en prendre de l'humeur et laisser échapper peut-être une de ces paroles dédaigneuses ou piquantes qui, plus d'une fois, ont suffi pour provoquer des discussions dans certains ménages et en troubler le bon accord. Mais avec un esprit aussi bien fait que le sien, il n'y avait rien à craindre. Toujours prête à excuser, elle n'eut même pas la pensée de s'en plaindre. Elle n'y vit que l'indication précise d'une tâche à accomplir, et, sans perdre courage, elle en fit l'objectif immédiat de l'emploi de ses premiers loisirs. Elle se mit donc résolûment à l'œuvre, et, grâce à l'activité calme et bien réglée qui lui était propre, elle dirigea si bien ce travail dont, comme la femme forte de l'Evangile, elle ne craignit pas de prendre sa bonne part, que quelques mois lui suffirent, pour faire disparaître de sa chère lingerie toute trace des ravages que plusieurs années de défaut de surveillance y avaient occasionnés.

Ces détails tout insignifiants et vulgaires qu'ils pourront paraître, au premier abord, au lecteur irréfléchi et sur lesquels nous avons, à ses yeux peut-être, plus insisté que de raison, étaient nécessaires pour faire connaître tous les genres de mérite de Mme d'Elbreil, et démontrer combien la notion chrétienne du devoir trouvait en elle une interprète fidèle, toujours prête à en accepter gaiement, si pénibles soient-elles, toutes les exigences.

Un autre genre d'épreuve que beaucoup de ménages ont toujours ignoré et qu'un plus grand nombre d'autres, au contraire, ne connaissent que trop, lui était réservé : c'est la gêne relative qui allait lui être imposée. La fortune de la famille d'Elbreil était très considérable avant la Révolution. Mais la dîme et les rentes qui formaient le plus fort appoint de ses revenus avaient été supprimées : leurs biens étaient demeurés longtemps frappés par la mesure révolutionnaire du sequestre qui les avait frustrés de tous leurs produits. Les nécessités de la vie et l'obligation fréquente d'acheter, à chers deniers, quelques heures de tranquillité durant la tourmente, avaient dévoré peu à peu les capitaux dont on y pouvait disposer. Ils n'avaient même pas suffi, et il avait fallu, pour faire face à tout, contracter encore quelques dettes. Il restait trois belles propriétés que les trois frères se partagèrent de très bon accord. Celle de Saint-Etienne, qui fut attribuée à l'aîné, valait seule plus que les deux autres réunies, mais les dettes demeurèrent à sa charge. Il fallait en payer l'intérêt à 5 %, pendant que les terres, dont, à cette époque, la culture était encore bien attardée, ne rapportaient que de bien faibles revenus. Mme d'Ebreil avait reçu une dot considérable pour le temps, mais elle ne dépassait pas soixante mille francs. Le tiers en fut consacré à l'achat d'un petit domaine enclavé, en quelque sorte, dans la terre de Saint-Etienne, et le reste n'avait pu suffire à éteindre entièrement les dettes. Le nouveau ménage était donc réduit au revenu de la propriété qui atteignait à peine le chiffre de sept à huit mille francs. Ses charges n'étaient pas heureusement encore bien considérables, et si ce n'eût été l'entraînement et les exigences de leur position sociale, les jeunes époux auraient pu facilement suffire à tout. Mais position oblige aussi bien et plus peut-être quelquefois que noblesse, et dès longtemps déjà M. d'Elbreil en subissait l'inexorable et coûteuse expérience.

Les événements antérieurs avaient mis en relief sa personnalité. Il avait pris une part active et parfois prépondérante, nous l'avons dit ailleurs, à toutes les résistances de nature diverses que la ville de Montauban ne cessa d'opposer aux mesures plus ou moins iniques émanées des gouvernements révolutionnaires qui s'étaient succédé à Paris. Chacune de ces résistances avait nécessairement laissé sur le carreau quelques victimes qu'il ne fallait pas abandonner. On avait bien , il est vrai, organisé quelques distributions de secours, à l'aide de souscriptions ; mais il était bien difficile d'atteindre toutes les souffrances, et M. d'Elbreil s'était successivement laissé engager à payer aux uns leur pain, aux autres leur loyer, à habiller ceux-ci, à chauffer ceux-là, que sais-je encore ?

Son budget se trouvait ainsi terriblement surfait d'une dépense aussi forte. Mais pouvait-il décemment, parce qu'il était marié, interrompre brusquement le cours d'une assistance aussi bien motivée ? C'eût été à la fois cruel et malavisé ; car la mesure n'aurait frappé que des amis dévoués, qui étaient en même temps vraiment malheureux. Aussi ne s'arrêta-t-il pas, un moment, à cette pensée, et Mme d'Elbreil, qui avait pour les pauvres des compassions si vraies et si profondément senties, loin de l'en blâmer, voulut au contraire se charger du soin de distribuer elle-même ces secours. Elle s'empressa d'ajouter ces malheureux à la liste des indigents qu'elle avait déjà pris sous son patronage de prédilection, ainsi que nous le verrons plus tard.

Loin donc de réduire le chiffre de ses charités, elle voulut, au contraire, s'approprier en quelque sorte celles de son mari et les inscrire au

nombre de ses dépenses obligatoires, bien résolue à réduire ses dépenses personnelles, s'il le
fallait pour conserver intacte, la part des pauvres. Elle arrangea si bien toutes choses que les
unes et les autres furent rigoureusement con-
tinuées.

VI

Il nous a paru nécessaire d'entrer dans ces détails intimes pour mettre en évidence un genre
de mérite que Mme d'Elbreil s'efforçait de tenir
caché, et qu'elle ne s'avouait pas à elle-même,
tant elle trouvait naturel d'agir comme son
cœur compatissant et résolu à tout sacrifier au
devoir le lui avait inspiré. Nous allons maintenant la suivre dans l'exercice de son rôle de
mère de famille et rechercher comment elle en
avait compris et mis en pratique les obligations
multiples.

Nous avons dit déjà que la bénédiction du ciel
s'était manifestée sur cette union par la nais-
sance de sept enfants, trois garçons et quatre
filles, et, comment Mme d'Elbreil avait accompli
tous ses devoirs de mère en les allaitant tous
elle-même.

Je ne perdrai pas mon temps à faire ressortir
sa tendresse excessive pour ses enfants : encore
moins aurai-je la prétention de l'élever, à ce

point de vue, au-dessus des autres mères de famille : Dieu a déposé dans le cœur de toutes les mères de si riches trésors de tendre affection pour leurs enfants qu'il serait bien difficile de dire si la corde de ce sentiment vibre plus ou moins vivement chez les unes que chez les autres, et de déterminer surtout d'une manière précise la tonalité réelle de son diapason. La supériorité ou la valeur intrinsèque de ce sentiment ne pourrait être apprécié chez les unes ou les autres que par rapport à l'objectif préféré de leurs tendresses.

Durant les premiers mois de leur entrée dans la vie, toute l'affection maternelle se concentre sur les soins matériels à donner à ces frêles existences, et sur les moyens les plus pratiques de préserver leurs petits membres, encore si délicats, du moindre danger de déformation et d'en favoriser le mieux possible le développement progressif. C'est ici que commence parfois une première déviation de ce sentiment de la part de certaines mères. On en voit, en effet, qui se montrent uniquement occupées de faire ressortir les grâces natives, souvent fort contestables pour d'autres que pour elles, de ces chers petits êtres qui deviennent bientôt l'idole de leur cœur et l'objet de leurs plus folles tendresses.

Ai-je besoin de dire que Mme d'Elbreil sut toujours échapper à ces travers ? Elle était loin d'être insensible sans doute à l'éclat passager de cette beauté de convention de la première enfance ; mais ce sentiment ne détournait jamas son attention du but principal que doit poursuivre incessamment une mère. Aussi, sans s'occuper de ce qu'un accoutrement pouvait avoir de plus ou moins gracieux ou de plus ou moins approprié au physique de l'enfant, elle recherchait avant tout, pour la coiffure d'abord, ce qui devait le mieux préserver ce petit cerveau si mal abrité sous son enveloppe encore inachevée, et ensuite une manière de vêtir ce petit corps, qui sans laisser à ses membres si délicats encore une entière liberté de se mouvoir, pleine de dangers à cet âge, les maintenait cependant assez pour prévenir tout accident, sans gêner en rien leur développement.

Plus tard, quand l'enfant a grandi, sa jeune intelligence, comme une cire molle, est susceptible de subir la mauvaise comme la bonne influence des impressions premières. C'est alors surtout que la tendresse innée de la mère, qui se manifeste dans le premier âge d'une manière à peu près uniforme chez toutes, prend ici différentes formes et suit des directions diverses, suivant l'interprétation que chacune donne au devoir qui lui incombe à ce moment. Les unes, croyant peu sans doute à l'existence du danger moral auquel nous faisons allusion, se laissent volontiers aller à l'insoucieuse quiétude assurément très commode pour elles, qui aboutit à abandonner leurs enfants en bas âge au laisser-faire le plus absolu. D'autres, mieux conseillées ou plus clairvoyantes, comprennent l'influence souvent désastreuse des habitudes contractées dans ce premier âge, et pressentant la facilité avec laquelle la volonté de l'enfant s'assouplit aux directions bonnes ou mauvaises qui sont venues de loin, elles s'attachent, dès ces premiers temps, à écarter de ces jeunes natures tout ce qui pourrait en altérer les bons instincts et en vicier le développement.

Le jugement sûr et le rare bon sens pratique dont Mme d'Elbreil était douée lui firent apercevoir bien vite ce double danger. Dès son premier enfant, elle s'appliqua avec un soin égal à prévenir autant que possible l'explosion de ces volontés exigeantes, entêtées qui, chez les enfants, dégénèrent si facilement en caprices. Quand elle n'avait pas pu y réussir, elle opposait à la persistance de son obstination la plus douce, mais en même temps la plus inébranlable fermeté. Faisant tour à tour briller à ses yeux la perspective d'une récompense s'il se soumettait, ou gronder la menace d'un châtiment contre son indocilité, elle tenait fidèlement parole. Et comme elle avait toujours l'attention de ne promettre que ce qu'elle était sûre de pouvoir, sur l'heure, accorder, et d'indiquer des punitions qu'elle pouvait, sans le moindre inconvénient, faire subir à l'instant même, la sanction pénale, comme la récompense, suivait de très près la faute ou la soumission. L'enfant comprend bientôt qu'il n'a pas grand'chose à gagner par la résistance. Il s'essaye bien encore quelquefois à regimber contre le frein : mais il s'habitue, plus vite qu'on ne saurait le croire, à plier sans murmure sous le commandement maternel quand il sait qu'il ne doit pas fléchir : il finit même par baiser plus tendrement encore la main ferme, mais toujours bien douce, qui le corrige.

Ce premier succès de la mère sur la volonté capricieuse de son enfant est d'une importance extrême pour achever le redressement des aspérités de son caractère, et de plus il facilite singulièrement l'accomplissement d'une tâche bien autrement importante, la formation de son cœur.

C'est vers ce nouveau but qu'après avoir assoupli son enfant à cette obéissance prompte et entière, Mme d'Elbreil concentrera désormais

toute son attention. Elle sait que la pensée religieuse est la meilleure base sur laquelle elle
puisse asseoir solideme nt son œuvre. Aussi,
dès que son enfant commence à balbutier tant
bien que mal quelque parole, elle veille à ce que
les doux noms de Jésus et de Marie soient les
premiers mots bégayés par ses lèvres enfan-
tines. Soir et matin, sur ses genoux, elle a soin
de faire tracer par ses petites mains le signe de
la croix sur le front et la poitrine, et deux gros
baisers maternels viennent aussitôt récompenser
sa docile gentillesse. A mesure que ses enfants
grandissent et que leur intelligence progresse,
elle ne perd pas une occasion de leur parler de
Dieu et de ses divins attributs. Elle tient par-
dessus tout à ce qu'ils sachent bien que c'est
lui qui les a créés et mis au monde et qui
leur a tout donné, tout jusqu'à leur bonne
petite maman; qu'il a toujours les yeux fixés
sur nous, quoiqu'il demeure invisible aux nôtres,
et qu'il voit par conséquent nos actions les plus
cachées et nos pensées même les plus secrètes.
Comme il a tout pouvoir sur nous, ajoute-t-elle,
il peut nous faire mourir à l'instant même, pour
nous punir éternellement, si nous nous obsti-
nons à l'offenser : comme aussi, il nous promet
une éternité de bonheur, si nous sommes assez
sages pour conformer notre volonté à la sienne

qui nous est manifestée par celle de nos parents ou de nos supérieurs.

Ces notions générales, qui résument, quoique bien incomplètement, la notion morale du christianisme, incessamment insinuées dans l'oreille d'un enfant avec ces variantes ingénieuses et cet accent persuasif dont une mère seule a le secret, s'infiltrent goutte à goutte dans ces jeunes cœurs, y pénètrent profondément et y gravent, en traits désormais ineffaçables, cette théorie salutaire du devoir chrétien, qui s'en exhale ensuite comme l'instinct d'une nouvelle nature transformée. Plus tard peut-être, lorsque l'enfant sera parvenu à l'adolescence ou à l'époque plus critique encore de la jeunesse, la fougue de l'âge, l'emportement des passions mal contenues pourront le faire momentanément dévier de cette voie si nettement tracée : son regard obscurci ne l'aperçoit plus en ce moment de délire; mais elle n'y demeure pas moins profondément gravée, et, la grâce de Dieu aidant, le bandeau se détache bientôt, ses souvenirs se ravivent et reproduisent en traits de feu devant ses yeux consternés ces intuitions premières qu'a recueillies son enfance et qui lui montrent, avec tout ce qu'elle a de plus repoussant, la fange immonde dans laquelle il s'est si malheureusement vautré. Il n'en faudra pas davantage pour le ramener dans le sentier perdu du bien, et il se remettra avec une ardeur nouvelle à en gravir les pentes difficiles mais douces qu'il ne désertera plus.

Mme d'Elbreil fut assez heureuse pour n'avoir jamais eu à gémir sur de semblables écarts, de la part d'aucun de ses enfants. C'est qu'aussi, toujours infatigable dans l'accomplissement de son œuvre, elle ne se borna pas à déposer dans leurs jeunes cœurs ces précieuses semences, sans prendre d'autres soucis de leur entier développement. Après les y avoir jetées, elle continua avec un soin égal, non-seulement à les y faire germer, mais aussi à les y enraciner profondément, ainsi que nous allons le voir.

VII

Voici le moment où Mme d'Elbreil dut, dans l'intérêt de leurs études, se séparer de ses deux fils aînés. Les nécessités d'une instruction plus complète exigeaient leur envoi dans de grands établissements d'éducation, loin du foyer paternel. Trompés par des renseignements qu'ils avaient crus sincères, M. et Mme d'Elbreil firent choix du collège royal de Toulouse qu'on leur avait dépeint comme très bien tenu, et que passait pour une des meilleures maisons d'éducation dirigées par l'Etat. C'est dans cet établissement, d'ailleurs, qu'une bourse entière avait été accordée au plus jeune des deux frères. Mais on s'aperçut bientôt que la bonne note dont ce collège avait été gratifié était de pure complaisance, et donnait, dans tous les cas, une bien triste idée de ce que devaient être les autres pensionnats universitaires. En fait, les mœurs y étaient très peu châtiées, et la religion encore moins honorée. Aussi, en parents chrétiens, M. et Mme d'Elbreil se hâtèrent-ils, dans l'intérêt de l'âme de leurs enfants, de les retirer d'un milieu aussi dangereux pour elle, et ils n'hésitèrent pas à faire le sacrifice de la bourse dont ils avaient obtenu la concession. Ils se décidèrent donc généreusement à endosser la lourde augmentation de dépense qu'allait leur imposer l'envoi de leurs enfants dans un grand établissement lointain dirigé par des prêtres, et dont tous les frais demeuraient désormais à leur charge.

Les deux jeunes frères de Mme d'Elbreil étaient sortis, depuis quelques années, de la pension de M. l'abbé Liautard, alors en grand renom à Paris — l'un, pour entrer au grand séminaire de Saint-Sulpice, l'autre, pour s'enrôler dans la compagnie des gardes du corps du roi Louis XVIII commandée par M. le duc de Grammont, où il avait su conserver intacts ses mœurs et sa piété. Pleinement assurés, par ce double exemple, que cet établissement, dirigé par un ecclésiastique aussi recommandable, leur donnerait toutes les garanties suffisantes d'une bonne et saine éducation qu'ils voulaient avant tout pour leurs enfants, c'est là qu'ils les envoyèrent.

Mais le cœur d'une mère vraiment chrétienne n'est jamais dans une sécurité absolue, quand il s'agit de sauvegarder l'âme de ses enfants. Aussi Mme d'Elbreil, séparée désormais par des distances aussi grandes de ses deux fils, se trouva saisie d'un redoublement d'appréhensions et d'alarmes, à leur sujet. Elle était heureuse sans doute de les avoir soustraits aux dangers qu'ils couraient dans le milieu où ils se trouvaient précédemment ; mais elle n'ignorait pas qu'il y en a partout, à cet âge. Ne les ayant pas auprès d'elle, il ne lui était plus possible de faire autour d'eux, comme autrefois bonne et incessante garde : il ne lui restait plus que la prière. Bien pressantes et bien vives furent celles qu'elle ne cessait plus désormais d'adresser au Ciel pour eux ! La prière fut toujours son arme favorite, son arme la plus puissante, celle sur laquelle elle comptait le plus pour venir en aide à ses chers enfants, et pour protéger plus efficacement leur innocence en péril.

Qu'on nous permette de transcrire ici, à l'appui de nos dires, et pour la pleine justification de la confiance de Mme d'Elbreil en l'efficacité de la prière, qu'on nous permette, disons-nous, de transcrire ici quelques lignes pleines d'abandon et de cœur que nous allons copier sur une lettre écrite par l'un des fils de Mme d'Elbreil que nous avions prié de vouloir bien nous faire part de ses souvenirs sur la manière d'agir de sa sainte mère avec ses enfants. Voici le passage qui a un rapport direct avec les appréciations que nous venons d'exprimer.

« Vraiment, dit-il, quand ma pensée se
» reportant en arrière, évoque les souvenirs du
» peu de temps que j'ai passé au collège royal
» de Toulouse, j'avoue qu'elle s'arrête comme
» stupéfaite devant certaines situations des
» plus critiques dont je ne soupçonnais même
» pas le danger, et au milieu desquelles se con-
» serva toujours intacte cette innocence de
» cœur que la vigilance de ma sainte mère
» avait jusque-là si bien garantie. Cette pru-
» dente réserve qui fut, dans ces moments pé-
» rilleux, ma vraie sauvegarde, s'ignorait elle-
» même, et je ne puis l'expliquer que par une
» de ces inspirations surnaturelles que m'obtin-

» rent les bras constamment levés vers le ciel
» de ma bien-aimée mère, pendant que nous
» combattions, sans le savoir, dans ce milieu
» plein de périls pour nos âmes dont elle pres-
» sentait, elle, toute la gravité »

Non contente de prier, de suivre, par la pensée, ses enfants dans toutes les circonstances où
elle pouvait supposer qu'ils pouvaient avoir besoin de l'assistance d'en haut et de la demander
pour eux, elle entretenait une correspondance
suivie avec ses chers exilés, pour réchauffer
l'activité des bons sentiments dont elle les savait animés, et les exciter à bien agir toujours
par devoir et suivant les inspirations de leur
conscience.

Citons encore un autre passage de la même
lettre qui nous fera mieux comprendre comment s'exerçait cette vigilance.

« Que ne puis-je dérouler ici, y lisons-nous,
» cette précieuse correspondance que notre
» pieuse mère ne cessait d'échanger alors avec
» nous ? Mais on ne réfléchit pas, à cet âge, et
» l'imprévoyance n'est ni le moindre ni le moins
» commun de ses défauts. Aussi ne serez-vous
» pas étonné quand je vous dirai que nous n'en
» avons pas malheureusement conservé le plus
» petit vestige. Il me serait si doux aujourd'hui
» de faire passer sous vos yeux ces pages admi-

» rables de cœur et de pensées. Vous y verriez
» comment savait aimer cette mère si forte et si
» chrétienne, et comment, toujours maîtresse
» d'elle-même et de ses sentiments, elle savait,
» suivant l'occasion, retenir à propos ou laisser
» s'échapper à torrents l'effusion de ses ten-
» dresses. Vous y auriez lu de ces paroles affec-
» tueuses, persuasives, irrésistibles qui ne peu-
» vent tomber que des lèvres d'une mère et qui
» ne résonnent jamais en vain à l'oreille d'un
» bon fils. »

Nous trouvons, dans la même lettre, un autre
passage que nous voulons transcrire en entier,
malgré ses longueurs, de peur d'en affaiblir la
portée ou d'en altérer la signification. Il con-
firme pleinement ce que nous avons dit précédemment sur les heureux résultats, au double
point de vue de l'intérêt bien entendu de la mère
et de la bonne éducation de son enfant, de cette
douce mais inébranlable fermeté qui ne laisse
jamais passer, sans une répression immédiate,
la moindre explosion de sa volonté capricieuse
et indocile. Nous y verrons que Mme d'Elbreil
pour ne s'être jamais écartée de cette règle de
conduite avec ses enfants, n'avait perdu aucune
de leurs tendresses, ni la moindre parcelle de
son autorité maternelle. Voici ce passage de la
correspondance en question :

« Je me souviens encore de la profonde et
» inneffaçable impression que fit un jour sur
» moi une de ces lettres pleines de cœur et de
» tristesse que ma mère m'écrivit au collège
» Stanislas à Paris, où je me trouvais seul à ce
» moment. Voici à quelle occasion elle me fut
» adressée.

» Mon frère avait terminé non seulement ses
» études scolaires, mais encore son cours de
» droit, et il était depuis un an, à Montauban,
» en pleine possession de sa liberté dans le
» monde, sans s'être départi un instant de ses
» habitudes les plus pieuses. J'étais, de mon
» côté, demeuré seul au collège Stanislas. En-
» traîné dans le désarroi général où était
» tombée cette maison, dans les derniers temps
» de la direction de M. l'abbé Liautard, je m'é-
» tais beaucoup négligé, au point de vue reli-
» gieux, comme le plus grand nombre de mes
» camarades, et j'avais laissé passer toutes les
» fêtes de l'hiver sans m'approcher de la sainte
» table, comme j'en avais précédemment l'ha-
» bitude. Je tins cependant à accomplir mon
» devoir pascal, le jour même de cette grande
» fête. Par une méprise que j'appellerai provi-
» dentielle puisqu'elle me valut cette lettre de
» ma mère, on ne me remarqua pas à la sainte
» table, le jour où j'eus le bonheur de m'en ap-

» procher, et je fus compris dans la liste de
» ceux |qui n'avaient pas accompli leur devoir
» pascal. M. l'abbé Liautard, qui connaissait
» toute l'étendue de sa responsabilité au sujet
» de l'âme de ses élèves, était vivement affligé
» de voir qu'un grand nombre, parmi les grands
» surtout, manquaient à l'accomplissement de
» ce devoir, et il tâchait d'y remédier de son
» mieux. Il me fit dire, à l'expiration du temps
» pascal, qu'il avait à me parler chez lui, sans
» me faire même pressentir le sujet de cet
» entretien. Malheureusement, il avait déjà
» écrit, sans attendre mes explications, à mes
» parents pour leur faire part de ses crain-
» tes à mon sujet, et les prier de lui venir en
» aide pour me ramener à mes devoirs, en
» joignant leurs remontrances aux siennes.
» Je n'eus pas de peine à me justifier, auprès
» de mon supérieur : il m'avoua la peine et la
» surprise surtout que lui avait fait éprouver le
» prétendu manquement qui lui avait été signalé.
» Mais l'alarme avait été donnée à Montauban,
» par la lettre qui y était fidèlement arrivée à
» son adresse. Je n'ai pas besoin de dire l'im-
» presion douloureuse qu'elle produisit sur mes
» parents. Ma pauvre mère désolée prit immé-
» diatement la plume, et m'écrivit une lettre
» pleine, on le comprend, des plus pénibles

3.

» émotions et mouillée de ses larmes. Cette lettre
» a eu le sort de toutes les autres, je ne puis par
» conséquent en reproduire les termes. Mais je
» me souviens qu'après les plus vives effusions
» de sa tendresse de mère, elle me disait toutes
» ses appréhensions et sa profonde tristesse
» de me voir si négligent et si tiède pour le
» service de Dieu et les intérêts de mon âme :
» elle me suppliait de réparer, au plus tôt et de
» mon mieux, cette omission coupable. Puis,
» rappelant à propos la persévérance de mon
» frère qui la remplissait de consolations, elle
» me demandait si je l'aimais moins que lui,
» et si je voulais, par une façon d'agir toute
» contraire, empoisonner toutes les jouis-
» sances que lui faisait éprouver sa bonne con-
» duite.

» Tout bouleversé à la lecture de cette lettre,
» je ne pouvais me consoler d'avoir été, pour
» ma pauvre mère que j'aimais si tendrement,
» l'occasion d'une aussi poignante peine, quoi-
» que je ne fusse pas, au fond, aussi coupable
» qu'elle ne le craignait. Je pris immédiatement
» la plume. Après l'avoir rassurée, quant au fait
» principal, l'omission supposée de mon devoir
» pascal, je lui faisais, le cœur navré, l'aveu
» de ma négligence qui n'était que trop réelle.
» Je lui promis de la secouer, dès ce jour, et de

» lui prouver toute ma tendresse par une fidé-
» lité désormais inviolable à ma promesse.

» Je n'ai jamais oublié l'impression profonde
» que m'avait laissée au cœur ce tendre épan-
» chement des tristesses maternelles. Je ne
» pouvais supporter la pensée d'avoir perdu
» quelque droit à sa douce affection, et surtout,
» de paraître à ses yeux la chérir moins que
» les autres, ou moins empressé à le lui témoi-
» gner par ma conduite. »

« Ce sentiment a peut-être quelque chose de
» trop humain, ajoutait-il, il ne découle pas
» assez directement peut-être des sources sur-
» naturelles auxquelles doit toujours, de préfé-
» rence, recourir notre âme. Mais qu'importe le
» point de départ, pourvu qu'il nous conduise
» au même but. Ce bon sentiment puisé dans
» la nature ne m'avait pas moins été inspiré
» d'en haut. Dieu avait sans doute propor-
» tionné le remède à ma faiblesse. Il me fit la
» grâce de ne pas méconnaître la miséricor-
» dieuse inspiration qu'il daignait m'envoyer,
» par l'intermédiaire de ma mère, et il mit le
» comble à ses faveurs en me donnant, comme
» gage de son approbation, la force de secouer
» au plus tôt cette torpeur qui aurait fini peut-
» être par subjuguer ma volonté, comme elle
» en enchaîne et domine tant d'autres. De la né-

» gligence à l'abandon complet la distance est
» bien faible, et qui sait, hélas ! si je ne l'aurais
» pas, moi-même aussi, bientôt franchie »

Nous avions donc bien raison de dire que Mme d'Elbreil n'avait rien perdu de l'affection de ses enfants, par l'application de ses principes d'éducation ; nous venons d'en voir la preuve dans la lettre de son fils. Il ne faut pas perdre de vue que ce jeune homme était alors dans sa dix-huitième année, et qu'il avait déjà atteint cet âge redoutable avec lequel tant de parents n'osent entrer en lutte. Pour elle, elle ne considéra jamais sa tâche comme terminée. Aussi se garda-t-elle d'imiter certaines mères qui, bien intentionnées sans doute, mais à coup sûr pusillanimes à l'excès, ou bien peu clairvoyantes, croient pouvoir se désintéresser en quelque sorte de la direction pratique et morale de leurs fils, dès qu'ils sont sortis des bancs de l'école. C'est alors, au contraire, qu'elle redoublera de vigilance autour d'eux, car elle sait bien que c'est alors surtout que, jeunes et inexpérimentés, leurs premiers pas ont besoin, plus que jamais, d'être guidés et raffermis. Et, comme elle avait su conserver toujours intacte son autorité de mère, elle en exercera dans toutes les circonstances et très librement les droits. Même après leur retour au foyer paternel à la fin de leurs études de droit, chaque fois que l'occasion s'en présentait, sans périphrase, ni précaution oratoire, elle abordait carrément son sujet et s'efforçait de développer en eux le besoin d'aimer Dieu pour être plus fidèles à tous leurs devoirs de chrétiens sans exception, et de les pénétrer toujours d'une vive horreur pour le mal et tout ce qui peut en être une occasion prochaine. Comme préservatif le plus sûr, elle leur montrait la fréquentation des sacrements; tous ses efforts tendaient à les assouplir à cette pieuse pratique. Pour les engager plus infailliblement et plus vite dans cette voie, elle s'assurait de leur exactitude à faire très exactement leur prière du matin et du soir, et elle leur recommandait sans cesse l'assistance quotidienne au saint sacrifice de la messe.

Lisez encore, pères et mères qui craignez toujours d'en trop dire et d'en trop faire auprès de vos enfants, et qui les laissez s'affaisser peu à peu dans le mal de peur de les importuner de vos observations et de vos conseils et perdre par là une partie de vos droits à leur affection ; lisez ce que nous allons extraire de la même correspondance, et vous verrez combien est chimérique et peu fondée cette double crainte qui a été la cause de la perte éternelle de leur âme.

« Elle ne craignait pas, dit M. d'Elbreil fils
» en parlant de sa mère, de nous questionner
» de temps en temps au sujet de notre assis-
» tance à la messe, quand elle avait quelque rai-
» son de soupçonner un manquement de notre
» part. Je me souviens encore de la confusion
» que nous éprouvions de nous trouver en faute
» et de la peine que nous causait la réprimande,
» quelque douce qu'elle pût être, qui en suivait
» la constatation. Nous pouvions être con-
» trariés de la question, en ressentir même
» dans le moment quelque léger dépit, ou la
» trouver pour le moins importune : mais n'im-
» porte ! l'effet était produit. Nous regrettions
» sincèrement d'avoir fait de la peine à notre
» bonne et si bien-aimée mère et, la résolution
» aidant de ne plus lui en causer, nous finîmes
» par pénétrer peu à peu nos cœurs du désir de
» plaire à Dieu en demeurant fidèles à cette
» pieuse habitude. »

» Ma mémoire me remet encore sous les
» yeux un autre souvenir qui est une preuve
» nouvelle de l'incessante sollicitude de ma mère
» pour la préservation de l'âme de ses enfants.
» L'amour de l'étude est une des meilleures
» sauvegardes contre l'oisiveté qui a été si jus-
» tement appelée la mère de tous les vices. Elle
» le savait, et il n'est sorte d'industrie qu'elle

» n'employât pour nous éloigner de l'une et
» nous attacher, de son mieux, à l'autre.

» Elle connaissait l'attrait tout particulier
» qu'avait pour moi la culture du dessin et de
» la peinture. Elle était trop heureuse de me
» voir ce goût pour un genre d'occupation si
» bien fait pour absorber tous mes loisirs;
» aussi, loin de le contrarier, elle s'empressa
» d'en favoriser le développement au risque de
» nuire un peu aux études plus sérieuses mais
» peu attrayantes de la jurisprudence, vers les-
» quelles d'ailleurs je ne me sentais pas, je
» l'avoue, une attraction bien vive. Ce qu'elle
» voulait avant tout, c'était de me voir occupé à
» quelque chose. Pour stimuler mon ardeur, elle
» affectait d'attacher un grand prix à mes plus
» médiocres barbouillages, et elle me réclamait
» toujours une œuvre nouvelle qu'elle se propo-
» sait, disait-elle, de doter d'un beau cadre pour
» en orner sa chambre. Ce fut d'abord son por-
» trait dessiné ou peint par moi, après lequel
» devait venir celui de tous les membres de la
» famille. Plus tard, il fut question de tableaux
» religieux pour orner les murailles un peu
» trop nues de la chapelle du château.

» Le désir de la satisfaire et la perspective si
» flatteuse pour un débutant naturellement tout
» disposé à s'admirer, de ménager à mes œu-

» vres l'honneur d'un beau cadre et d'une sorte
» d'exposition en permanence enflammaient
» mon ardeur, absorbaient mes pensées et dé-
» voraient les heures de loisir toujours si lon-
» gues dans la vie d'un étudiant qui ne sait pas
» ou plutôt qui ne se soucie guère le plus sou-
» vent de s'occuper sérieusement. J'ai encore
» présentes à ma mémoire les douces jouis-
» sances que me procurait ce délicieux passe-
» temps, au milieu duquel, s'écoulaient toutes
» mes journées sans danger pour mon âme. Il
» me devenait ainsi facile de me soustraire à
» ces éternelles promenades, entre camarades,
» à travers les rues, sans but ni limites, et sans
» autre raison d'être que la triste nécessité de
» tuer le temps, où se trouve réduit celui qui
» n'a rien à faire ou qui n'aime pas l'étude.
» J'échappais enfin aux périls plus grands
» encore que présentent ces longues stations
» au billard ou au café qui sont, comme la pre-
» mière étape, bien vite franchie, hélas ! de
» cette pente fatale au bout de laquelle reli-
» gion, morale et tout sentiment honnête
» viennent le plus souvent s'abîmer pour tou-
» jours. »

» Tout marche et s'enchaîne en général dans
» la vie et la conduite de l'homme avec une lo-
» gique inexorable. Entamée sur un point, sa

» morale s'en va bientôt en lambeaux et ses bon-
» nes résolutions, à peine ébranlées ou mal dé-
» fendues, courent grand risque d'être bientôt
» anéanties. Comme aussi la fermeté de ses dé-
» buts dans la vie, et l'énergie de sa résistance
» sur les points les plus attaqués qui sont aussi
» d'ordinaire les plus rapidement démantelés,
» sont le gage certain du triomphe complet, sur
» toute la ligne du combat. C'est ce que j'éprou-
» vai. Inaccessible aux prétendus charmes du
» farniente, plein de dégoût pour l'atmosphère
» épaisse et abrutissante de l'estaminet, je fus
» logiquement amené à faire un bon emploi de
» mon temps et je réussis, sans trop de peine, à
» franchir sans naufrage les redoutable écueils
» de ces longues soirées de l'hiver et de
» leurs loisirs sans emploi. De la fréquen-
» tation du théâtre, il n'en fut jamais ques-
» tion dans ma pensée. Ma mère nous avait
» si bien inspiré l'horreur du mal, et si bien dé-
» montré le danger du spectacle qui en est sans
» contredit un des agents le plus provoca-
» teurs, que la pensée même d'y aller passer
» mes soirées ne m'est jamais venue à l'es-
» prit. J'ajoute que cette privation n'a pu
» réussir encore à être pour moi l'occasion ni
» l'objet d'un seul regret.

» On m'avait d'ailleurs ménagé des relations

» de societé, où je trouvais un agréable emploi
» des soirées que je ne passais pas au local de
» la Société des bonnes études, qui était le cer-
» cle catholique des étudiants de cette époque.
» Et comme je n'étais blasé sur rien, j'étais
» au comble de mes vœux, quand j'avais eu un
» rôle à jouer dans quelque charade improvisée,
» ou que j'avais pu prendre place à une table
» de boston, de whist ou de tout autre jeu non
» moins inoffensif. »

Nous n'avons pas besoin de nous excuser auprès de nos lecteurs, au sujet de la longueur
que nous avons laissée à la citation qu'on vient
de lire. Maintenant qu'elle est connue, on com-
prendra sans peine que nous l'ayons transcrite
intégralement, sans en retrancher le moindre
détail, malgré la minutie et l'apparente inutilité
de certains d'entre eux.

Tels qu'ils sont et dans leur ensemble, ils
nous initient parfaitement à la manière d'agir
de Mme d'Elbreil avec ses enfants; ils la montrent sans cesse à l'œuvre auprès d'eux, faisant
flèche de tout bois, si je puis me servir de cette
expression familière, il est vrai, mais qui caractérise à merveille le savoir-faire toujours en
éveil de cette excellente mère. Elle tirait en effet
parti de tout et variait ses procédés suivant les
circonstances, l'âge et les aptitudes de ses enfants, ou le but qu'elle voulait atteindre.

VIII

L'éducation de ses quatre filles donna à
Mme d'Elbreil infiniment] moins de peine et surtout moins de préoccupations. Plus docile et plus
douce, moins entreprenante et plus craintive,
plus retenue surtout par instinct et par goût,
la jeune fille peut être plus facilement gardée à
l'écart, autour du foyer domestique. C'est là
d'ailleurs que doivent se concentrer plus tard
ses affections et l'objet principal de son activité
et de son dévouement. Aussi paraît-il préfé-
rable de lui éviter l'épreuve de la vie en commun du pensionnat qui a cependant, il faut en
convenir, des avantages incontestables au point
de vue surtout de la formation du caractère.
Mais il est non moins incontestable qu'elle a
des inconvénients sérieux pour la préservation
du cœur. Ses rapports à peu près inévitables
avec de jeunes compagnes moins réservées ou
moins pures peuvent troubler la sérénité de son

âme et en altérer la candeur. Fénelon a formulé et fortement motivé ses préférences pour l'éducation de la jeune fille par la mère au foyer domestique. Nous ne pouvons cependant disconvenir qu'il y a des mères, de famille à qui leur situation ne peut absolument permettre d'assumer cette lourde charge et de se plier à toutes ses exigences. Mme d'Elbreil se trouvait dans ce cas. Elle n'avait autour d'elle personne pour l'aider dans sa tâche de maîtresse de maison, elle avait donc à pourvoir seule aux obligations qui en dérivent. Par suite d'ailleurs des fonctions publiques exercées par son mari, elle ne pouvait se soustraire à l'accomplissement de ses devoirs sociaux qui l'appelaient souvent loin de son foyer, et, pendant ses absences du logis souvent répétées et quelquefois fort prolongées, que seraient devenues ses chères enfants ainsi abandonnées à elles-mêmes ? Sur qui se reposer du soin de les surveiller ? Placée en face de ces difficultés d'ordres divers, elle comprit qu'il lui serait absolument impossible de suffire à cette double tâche, et elle se décida à confier l'éducation de ses filles à d'autres mainsque les siennes.

Elle ne put songer à un mode d'éducation très en vogue aujourd'hui, mais à peu près ignoré alors, qui tient le milieu entre l'éducation par la mère sous le toit paternel et le pensionnat. Ce système a bien ses avantages. Il faut convenir en effet qu'une institutrice vertueuse et dévouée peut, sous les yeux de la mère, remplir auprès de ses filles la mission qui incombe exclusivement à celle-ci, et concourir efficacement, sans en changer la nature, à cette grande œuvre de leur éducation. Mais il ne faut point oublier, qu'on sortait à peine alors de la période révolutionnaire, durant laquelle notre malheureuse patrie vit successivement s'affaisser et disparaître tous nos établissements d'instruction si nombreux et si puissants au moment où éclata la tempête.

Il eût été bien difficile, à ce moment, de trouver une femme qui réunît, en elle, toutes les qualités du cœur et de l'esprit indispensables pour remplir convenablement les obligations diverses d'une mission de cette importance. Quelque fût d'ailleurs le dévouement de la personne chargée de ce précieux dépôt, il y aurait eu, par intervalle, un affaiblissement inévitable de surveillance pendant les absences forcées de la mère. Ces éventualités soumettaient, d'après elle, ce système d'éducation à un défaut de suite capable d'en compromettre le succès. Toute hésitation cessa donc, et, sans perdre plus de temps à la recherche d'un sujet aussi rare, elle prit le parti, d'envoyer ses filles dans un pensionnat. Mais quelles seront les maîtresses assez sûres, pour qu'elle se décide à se reposer entièrement sur elles du soin de leur éducation?

M. l'abbé d'Elbreil, son beau-frère, ancien officier d'infanterie au régiment de Neustrie, s'était déterminé, depuis quelques années, sous l'inspiration du Ciel et par les conseils d'un pieux confesseur de la foi durant la Terreur, M. l'Abbé Seguy, ancien Jésuite, à entrer dans l'état ecclésiastique. Il fut attaché, dès le début, en qualité de vicaire, à la paroisse Saint-Joseph. Sur cette paroisse vivaient dans la retraite la plus absolue trois pauvres religieuses de l'ancien monastère des ursulines de Mont-pezat, d'où la persécution révolutionnaire les avait impitoyablement chassées. Elles s'étaient réunies pour vivre, autant qu'il dépendait d'elles, de la vie commune du cloître, et suivre de leur mieux la sainte règle de leur ordre. Au premier rang des obligations qui leur étaient imposées par elle, était précisément l'é-ducation des filles. C'est pour être en position de s'acquitter de ce devoir qu'elles étaient ve-nues résider au chef-lieu du département, où M. l'abbé d'Elbreil s'était beaucoup occupé d'elles, pour la direction de leurs âmes et la conduite de leurs affaires temporelles.

Elles virent bientôt un groupe nombreux d'enfants se réunir autour d'elles. L'insuffisance du local qu'elles occupaient étant bien constatée, elles firent, d'après les conseils de leur directeur, l'acquisition des bâtiments de l'ancien couvent des cordeliers, sur la place de la Préfecture. Dès que les travaux d'appropriation indispensables eurent été terminés, elles y transportèrent leurs pieux pénates avec le petit personnel d'enfants qui leur avaient été confiées. Sous la direction de la digne mère Sainte-Croix, puissamment aidée par l'intelligente sœur Angèle, tante du héros de Coulmiers, le brave général d'Aurelle de Paladines, la communauté s'accrut rapidement des vieux débris de l'Institut dispersés çà et là dans le diocèse, et elles purent se charger de l'éducation des enfants des meilleures familles de la ville qu'on s'empressait de leur confier.

Conseillée par son beau-frère, Mme d'Elbreil qui avait pu d'ailleurs apprécier par elle-même l'esprit d'abnégation et de sacrifice des bonnes sœurs, leur dévouement absolu et les soins intelligents dont elles avaient déjà fait preuve dans la direction de l'œuvre qu'elles avaient commencée, n'hésita pas à confier à ces dignes maîtresses deux de ses filles, déjà en âge d'entrer, avec profit, dans la voie d'une éducation sérieuse. Les deux autres vinrent les y joindre plus tard. Elle n'eut point, à regretter sa détermination : car sous la conduite de ces dignes maîtresses , M^elles d'Elbreil reçurent une éducation profondément chrétienne et une instruction en rapport avec le développement relatif des études de la jeune fille, à cette époque.

A mesure que l'heure avait sonné, pour chacune d'elles, de quitter le pieux asile, où leurs jeunes âmes avaient été si bien façonnées à la vertu, et leur intelligence suffisamment initiée, aux premiers éléments des connaissances humaines, Mme d'Elbreil les reprit auprès d'elle. Des devoirs nouveaux non moins nombreux et d'une importance plus grande encore allaient s'imposer à elle. Elle le savait : car elle n'était pas du nombre de ces mères irréfléchies, ou singulièrement désireuses de s'alléger le plus possible la charge de leurs devoirs, qui se persuadent si volontiers que la grande œuvre de l'éducation de leurs filles est achevée parce qu'elles ont épuisé les séries multiples de l'enseignement donné dans la maison d'éducation congréganiste ou laïque, où elles ont passé leur enfance. Mme d'Elbreil ne se laissait aller à aucune illusion de ce genre. Elle n'ignorait pas que la jeune fille n'est que trop disposée à s'inoculer **cette erreur. Pour peu que la mère partage la** même illusion et agisse en conséquence, tout le fruit de cette éducation première, pour si bonne et si chrétienne qu'elle ait été, se trouve par cela même gravement atteint et compromis.

C'est au contraire alors, pour la jeune adolescente, une des heures les plus critiques de son existence, celle d'où va dépendre son avenir. La jeune fille en effet a, comme son frère, soupiré, elle aussi sans doute maintes et maintes fois, après l'heure bénie à ses yeux de ce qu'elle a toujours appelé sa délivrance. C'est ainsi qu'elle n'a cessé de caractériser le moment de sa sortie de pension qui doit la débarrasser des assujettissements de la règle et de la surveillance importune de ses maîtresses. Trop jeune ou pas assez réfléchie, elle n'a pas su discerner tous les avantages de cette sage réglementation de son temps qui lui a permis de consacrer alternativement toutes ses heures aux études sérieuses, à la culture des arts d'agrément ou au travail manuel. Elle n'en a pas compris l'importance ni apprécié l'utilité : elle n'a de souvenir que pour les assujettissements de l'une et la monotone uniformité de l'autre. Aussi, une fois rentrée dans sa famille, si elle est abandonnée à elle-même, sans direction et sans règle, c'en est fait de l'amour de l'étude, de l'esprit d'ordre et du bon emploi de ses journées qui sont, pour la jeune fille, un des meilleurs fruits à rapporter du pensionnat, comme couronnement de son éducatiôn. De tout ce bel agencement alternatif d'études littéraires, morales ou artistiques et de travail manuel sous toutes les formes, elle n'en a désormais nul souci, et ses heures inoccupées s'écoulent tristement dans une oisiveté qui dessèche son cœur, atrophie son âme et ravale son intelligence. Pour peu ensuite qu'elle ait devant les yeux quelques exemples, en flagrante contradiction avec les sages avis qui lui ont été donnés, si elle entend surtout des paroles contraire aux pieuses maximes dont son âme a été si soigneusement imprégnée, ou qui l'initient trop brusquement à certaines notions qu'on s'était jusqu'ici appliqué à écarter de son esprit et de son cœur, disons-le hardiment, tout est perdu : et de cette éducation si bien nourrie, si châtiée et si chrétienne il ne restera bientôt plus que des traces fugitives et un stérile souvenir.

C'est donc le moment où la mère intelligente et vraiment soucieuse de ses devoirs doit redoubler de vigilance et de soins auprès de sa fille. C'est l heure aussi où l'on vit Mme d'Elbreil mettre en jeu toutes les ressources de son cœur et toute l'activité de son dévouement pour entourer de ses meilleurs soins sa fille aînée qui sortit naturellement la première du couvent. Elle ne la quittait pas pour ainsi dire, un instant, et on ne la vit plus paraître seule au dehors. Soit qu'elle se rendît à l'église, qu'elle se permît le délassement de la promenade, ou qu'elle s'acquittât des devoirs de société par des visites de bienséance ou de parenté, sa fille la suivait partout. Elle veillait, à l'intérieur, à la bonne distribution ou au bon emploi de son temps et s'efforçait d'en chasser l'ennui par la variété et la succession non interrompue de ses occupations. Elle présidait elle-même aux études diverses qui devaient compléter son instruction profane et développer de plus en plus la connaissance approfondie des doctrines de la religion chrétienne et de son admirable histoire. Une large part était faite aussi au travail manuel et à l'apprentissage des soins du ménage et de la direction d'une maison dont il serait à désirer qu'une jeune fille n'ignorât aucun détail.

Cette tâche était pénible et surtout très assujettissante, mais elle eut bien aussi ses douceurs, car elle fut féconde en résultats.

X

Il faut convenir que Mme d'Elbreil opérait sur
un terrain admirablement préparé. Les sept
années que sa fille avait passées au couvent
des ursulines avaient réalisé chez elle la plus
heureuse et la plus complète transformation.
La jeune Apolline était née avec un caractère
inquiet, turbulent et indocile. Toujours en que-
relle avec ses frères et sœurs, elle n'avait qu'un
goût très médiocre pour l'étude et un entrain
à peu près négatif pour le travail manuel : Plus
froid encore peut-être était son attrait pour la
prière et les petits exercices de dévotion dont
sa mère s'efforçait de son mieux de lui faire
prendre de bonne heure la pieuse habitude.
Son entrée au couvent ne se fit pas sans résistance de sa part. Il ne fallut rien moins que
les douces et bienveillantes attentions de ses
bonnes maîtresses pour lui faire surmonter les
répulsions que lui causait la perspective de ces
longues journées au pensionnat, dont aucune

minute de liberté, qu'elle ne croyait réalisable
que dans la maison maternelle, ne viendrait interrompre la tristesse. Si elle eût été confiée à
des maîtresses moins bonnes et moins dévouées,
son caractère eût pris sans doute des âcretés
qui auraient rendu ses rapports très difficiles et peut-être même troublé son existence.
Mais, grâce à la main douce mais constamment ferme des bonnes religieuses chargées
de son éducation et à leurs pieux savoir-
faire, ce caractère si revêche s'adoucit insen-
siblement; il s'assouplit peu à peu à la règle
et rejeta une à une toutes ses aspérités. La
raison domina bientôt complètement en elle
le caprice, et Mlle Appolline d'Elbreil devint
aussi soumise et aussi douce qu'elle avait été
violente et indocile, aussi avare de son temps
qu'elle s'était montrée ardente à le gaspiller,
aussi serviable et bonne avec ses compagnes
qu'elle avait été exigeante et taquine avec elles.
Cette heureuse transformation était due au
sentiment religieux dont les premiers germes
avaient été déposés dans cette jeune âme par sa
pieuse mère. Aussi ses bonnes maîtresses, sa-
chant bien que c'est là l'agent le meilleur et le
plus sûr pour l'éducation de l'enfance, s'étaient-
elles attachées, dès le début, à en activer, de leur
mieux, le développement. La première com-

munion, à laquelle son cœur, demeuré pur, sut apporter ses plus humbles et plus ferventes préparations, vint, peu de temps après, mettre le sceau désormais ineffaçable à ce merveilleux changement. Dès ce moment, une angélique piété pénétra profondément son âme, enflamma ses pensées et la conduisit rapidement dans la voie de la perfection chrétienne dont la vie religieuse du cloître est le terme et la réalisation la plus complète.

Après sa sortie du couvent, elle passa auprès de ses parents quelques années, durant lesquelles, elle ne cessa, par la douce égalité de son humeur et les affections pleines de candeur de son cœur aimant, de les dédommager de ce qu'elle avait pu leur faire souffrir, dans son enfance, par les entêtements sans raison de sa volonté et les caprices inconscients de son naturel. Sa vie avait été toujours si pure, elle avait si peu de fautes réelles à se reprocher, que ces premiers souvenirs de l'enfance lui pesaient encore, dans les dernières années de sa vie, comme un remords sur la conscience.

Le monde n'était pas digne de posséder un tel trésor. Aussi à peine fut-elle devenue majeure, qu'après avoir prévenu ses parents de son attrait pour la vie religieuse et avoir obtenu d'eux, après quelques épreuves, l'autorisation de suivre sa vocation, elle s'empressa de rentrer dans la maison bénie qui avait si bien abrité son innocence et si merveilleusement perfectionné son âme.

Après un an de postulat, elle prit l'habit de religieuse dans le monastère des ursulines et se mit sous la protection spéciale du Sauveur Jésus et de sa divine Mère, en prenant le nom de sœur Marie de Jésus. Sous ce double et puissant patronage, elle gravit rapidement tous les degrés de la perfection religieuse. Elle devint bientôt un vrai modèle de toutes ces admirables vertus qui font l'honneur du cloître, et dont on ne peut trouver que là le complet épanouissement.

Détachée de tout ici-bas, la sœur Marie de Jésus avait si bien refoulé au fond de son cœur les battements si naturels et si vifs qu'y a provoqués jusqu'à la fin de ses jours la tendre affection qu'elle portait à tous les siens, comme elle l'a si bien prouvé dans tous les événements qui pouvaient être une cause de joie ou de deuil pour la famille, qu'elle semblait indifférente à tout et comme étrangère dans ce monde.

Elle aimait vraiment la pauvreté, et elle la pratiquait avec une sorte de recherche dans les moindres détails de la vie. C'était chez elle comme une attraction irrésistible qui l'attirait,

et une saveur toute particulière qu'elle paraissait naturellement trouver au dénuement et aux
privations. Deux traits entre beaucoup d'autres
nous feront mieux comprendre jusqu'à quel
degré s'était élevée, en elle, cette vertu.

Les religieuses tiennent à avoir dans leur cellule un bénitier qu'elles placent d'ordinaire près
de la porte pour prendre de l'eau bénite, chaque
fois qu'elles en sortent ou qu'elles y rentrent.
Elles ne mettent aucune recherche dans le choix
de ces objets. Mais il ne leur est pas défendu
d'accepter, avec l'agrément de la supérieure,
ceux qui peuvent leur être offerts par leur famille,
pourvu qu'ils ne soient pas trop en contradiction avec la simplicité qui doit toujours régner
dans le cloître. Nous ne saurions dire ce qu'a-
vaient fait à cet égard les parents de la sœur
Marie de Jésus. Toujours est-il que son bénitier était en faïence grossière, du prix de quelques centimes, tels qu'on en voyait alors au
chevet du lit des ouvriers les plus pauvres.

Après quinze ans de durée, la petite ficelle
qui le tenait suspendu avait fini par s'user au
point qu'elle était devenue insuffisante pour
supporter le léger poids qu'elle avait à tenir
suspendu. Elle se rompit un jour, et le bénitier,
en tombant sur le plancher, se cassa en deux
pièces. L'une laissait la coupe intacte et l'autre

se composait du support sur lequel était tracée l'image bien imparfaite du Sauveur en croix. En rentrant dans sa cellule, la sœur Marie de Jésus voit ce désastre, et elle se met immédiatement à l'œuvre pour le réparer. A l'aide d'une nouvelle ficelle qu'elle est allée quérir chez la supérieure (car elle n'a rien en propre dans sa cellule), elle rajuste de son mieux l'une à l'autre les deux moitiés de son bénitier, et le suspend de nouveau respectueusement à son clou. Sous ce nouvel aspect de dégradation, il semble lui être devenu plus cher.

A quelques jours de là, ses deux nièces, petites filles de sept à huit ans, qui prenaient dans la maison leurs leçons d'enseignement religieux, étant venues voir leur tante dans sa cellule, s'aperçurent, en entrant, de la triste mésaventure arrivée au bénitier et du disgracieux essai de réparation dont il avait été l'objet. Jugeant des impressions de leur tante par celles qu'elles éprouvaient à cette vue, elles ourdirent, sans rien lui dire et croyant bien lui causer une agréable surprise, l'innocent complot de substituer, à son insu, un bénitier de porcelaine blanche aux débris de l'ancien. En effet, peu de jours après, profitant du moment où elles savaient leur tante occupée ailleurs, elles se rendent à sa cellule, enlèvent les deux tronçons du bénitier cassé, et suspendent au même clou celui que leur avait fait acheter leur mère. Elles avaient à peine terminé leur petite opération qu'elles entendent venir leur tante. Elles n'eurent que le temps de se placer à quelques pas en face de la porte pour être mieux en position de jouir de la satisfaction qu'elles s'attendaient à lui voir éprouver à la vue du nouveau bénitier. La bonne sœur, en étendant la main pour prendre l'eau bénite, suivant sa coutume, s'aperçoit de la substitution et, se tournant aussitôt du côté de ses nièces qu'elle comprit immédiatement être les vraies coupables : « Qu'avez-vous fait là, mes enfants, leur dit- » elle d'un ton à la fois souriant et grave, vous » voulez donc me faire manquer à la sainte » vertu de la pauvreté. Ce bénitier est bien trop » beau pour moi; l'ancien me convient mieux » sous tous les rapports. » Et, détachant le nouveau, elle le leur remet, en les embrassant, pour leur montrer qu'elle a bien compris leur pensée ; elle reprend, en le baisant, le bénitier brisé et le suspend respectueusement à sa place. Vingt-sept ans plus tard, il y était encore, quand il plut à Dieu de la rappeler à lui.

Le fait suivant caractérise mieux encore peut-être son amour de la pauvreté : c'est un vrai culte qu'elle lui avait voué et elle tenait à ce que tout autour d'elle et sur elle en portât les traces non équivoques : c'était comme ses armoiries parlantes. La robe de bure qu'elle endossa le jour de sa profession, elle s'en vêtit jusqu'à la veille de sa mort. Mais au prix de quelles précautions, de quels soins minutieux et de quelles innombrables reprises vint-elle à bout de ce miracle de conservation! Dieu seul le sait, et une religieuse seule en est capable. A peine la moindre solution de continuité se manifestait-elle dans le tissu, qu'une aiguille à la main, elle s'empressait d'en rapprocher soigneusement les fils et d'en serrer les mailles, et, sans jamais se lasser, elle recommençait toujours son patient et infatigable ravaudage. Dans les dernières années, le tissu primitif avait à peu près complètement disparu sous les innombrables croisements de laine nouvelle et les petites pièces d'étoffe neuve dont il avait fallu user, pour remplacer les portions du tissu que l'usure avait rendues incapables de servir de support au fil réparateur qu'on avait voulu y attacher. C'est au moyen de ces patientes industries, que rien n'avait pu lasser et que l'esprit de pauvreté seul peut inspirer, qu'elle put conserver, durant d'aussi longues années, cette robe que son état de vraie guenille lui avait rendue encore plus chère.

Une autre vertu propre au cloître dont sœur Marie de Jésus était aussi particulièrement douée, c'est l'humilité : ce n'est même qu'au cloître qu'elle peut se développer à ce haut degré. Cette éminente vertu était admirablement rehaussée en elle par une autre non moins admirable, la sainte vertu d'obéissance. Elle se disait naïvement et se croyait, en toute sincérité, la plus imparfaite des religieuses, se déclarant incapable de remplir convenablement le moindre emploi dans la communauté, si ce n'est peut-être certains des plus humbles et tout matériels réservés aux seules sœurs converses. Mais, animée par l'esprit d'obéissance absolue à la volonté des supérieurs qui fait la force des associations religieuses, elle acceptait, avec une égale abnégation, les emplois, quels qu'ils fussent, qui lui étaient confiés.

Ses supérieurs, qui étaient loin de partager sa manière de voir sur son compte, l'attachèrent d'abord aux classes, puis à la direction du chant à l'église, et la jugèrent peu d'années après assez bonne religieuse pour l'appeler aux importantes fonctions de mère des novices. Après bien des années d'exercice de ces difficiles fonctions, on lui laissa quelques années de repos pour refaire une santé perdue par la fatigue et les austérités. Cependant, comme après cette vie active et si pleine de préoccupations, un loisir trop absolu eût pu lui paraître bien lourd à endurer, on lui confia, pour l'occuper sans fatigue, la modeste fonction de ménagère. Elle demeura chargée de pourvoir à la formation des desserts de la communauté et du pensionnat.

Tout humble et peu envié que pût être cet emp'oi, elle en accepta la délégation avec le même respectueux empressement que les précédents, rehaussé qu'il était à ses yeux par une origine commune. Elle apporta dans l'accomplissement de ses nouveaux devoirs le même soin et la même perfection.

C'était vraiment merveilleux de voir celle qui avait, durant de longues années, initié avec tant de succès les novices aux devoirs de la vie religieuse, passer maintenant de nombreuses heures dans une humble fruiterie pour y mettre de l'ordre et de la propreté, y ménager l'aération indispensable à la conservation des fruits, en choisir avec la plus grande attention les plus mûrs pour les livrer les premiers à la consommation, et veiller, en un mot, sur le matériel confié à sa garde avec autant de sollicitude et de dévouement qu'elle en avait mis précédemment à diriger dans les voies de la perfection religieuse les âmes candides et pures de ses jeunes compagnes.

Après qu'un long exercice de cette charge, qui ne lui imposait ni fatigue de corps ni tourment de la pensée, eut suffisamment réparé ses forces perdues, la sœur Marie de Jésus fut appelée à des fonctions plus en rapport avec ses aptitudes et la connaissance pratique de la vie intérieure qu'elle possédait à un si haut degré. Elle fut donc désignée pour participer à la direction de la communauté en qualité de sous-prieure : à l'expiration du pouvoir de la prieure elle dut, malgré sa résistance, se résigner à la remplacer.

Après une année d'exercice de ces hautes fonctions, dont toutes ses sœurs appréciaient le mérite et bénissaient la fécondité, elle, qui n'en voyait que les défauts probablement imaginaires, demeurait de plus en plus convaincue de son insuffisance absolue. Elle était si profondément pénétrée de cette pensée qu'un jour, pendant que la communauté était réunie en assemblée conventuelle, sous la présidence de l'un des vicaires généraux, chargé de la direction spirituelle de la maison; la Mère de Jésus quittant sa stalle, s'avance vers lui, les yeux baissés. Elle s'agenouille à ses pieds, et, lui avouant tout haut son incapacité absolue pour les hautes fonctions sous le poids desquelles elle succombe, elle le supplie de vouloir bien l'en décharger. Comme dernière grâce, elle lui demande de l'autoriser à prendre rang parmi les sœurs converses, parce qu'elle ne se sent plus capable, disait-elle, de suffire à d'autres emplois que les leurs. Nous n'avons pas besoin de dire le saisissement plein d'admiration pour tant d'humilité dont toute la communauté se trouva, en ce moment, pénétrée. Le supérieur y demeure moins qu'un autre étranger, et, plus convaincu que jamais du mérite de la Mère de Jésus et de son aptitude spéciale pour les fonctions de supérieure, il se contenta de lui dire que le bon Dieu la voulait au poste qui lui avait été assigné, et il l'invita, en vertu de la sainte obéissance, à le garder. A peine a-t-elle entendu ces paroles, l'humble Mère se relève, et, comme si elle n'avait rien dit, elle regagne simplement sa stalle où elle s'assoit de nouveau, sans rien laisser paraître au dehors de l'effort intérieur qu'a dû lui coûter cet acte de soumission absolue à la volonté de Dieu qui vient de lui être manifestée par la bouche de son supérieur.

Peu de mois après, son pauvre corps, usé par la fatigue et les souffrances dont elle seule avait le secret, s'affaissait sous ce poids, et la Mère de Jésus était obligée de s'aliter, après avoir remis toute la direction de la maison dans les mains de la sous-prieure. On comprit bientôt que ses jours étaient comptés et que la maladie aurait bien vite raison d'un corps aussi affaibli. Elle édifia encore pendant quelques semaines la communauté par la sénérité toujours souriante de ses traits, au milieu des souffrances les plus aiguës, sa résignation pleine de confiance en la miséricorde divine et ses douces aspirations vers le ciel. Après une courte et très calme agonie, elle exhala sans efforts sa belle âme à Dieu, au milieu de ses filles désolées que soutiennent seuls et consolent le souvenir embaumé de ses vertus et le spectacle d'une mort si paisible et si bien marquée d'un caractère tout particulier de prédestination.

X

Nous nous sommes un peu oubliés peut-être dans cette digression qui semble, au premier abord, n'avoir pas un rapport bien direct avec la notice qui nous occupe. Mais à la réflexion, on conviendra, je l'espère, que le sujet est loin de lui être étranger, puisque la sainte religieuse qui en a été le sujet est la propre fille de celle dont nous écrivons la vie. Nous sommes par conséquent, ce nous semble, bien autorisés à inscrire à son avoir une partie au moins du mérite qui peut en revenir aux mains pieuses qui avaient si bien préparé le terrain sur lequel avaient pu germer et s'épanouir tant de perfections et de vertus.

Nous en avons d'autant plus le droit qu'à l'heure où nous écrivons ces lignes, deux autres filles de Mme d'Elbreil ont déjà terminé leur carrière, Melle Anastasie et la plus jeune des quatre sœurs, Mme de Saint-Martin qui vient de s'éteindre, elle aussi, dans le Seigneur. Toutes les deux ont montré, avec des nuances dérivant de la diversité de leur caractère, le même calme en face de la mort, la même générosité dans le sacrifice, la même résignation à la volonté de Dieu et la même confiance en son infinie miséricorde. L'aînée des deux, plus grave et moins communicative, parlait peu de son état et de ses impressions intérieures : mais le calme recueilli de ses traits, quand on lui administrait les derniers sacrements de l'Eglise, et la sereine lucidité de sa pensée, pendant qu'elle faisait part à son frère de ses dernières volontés, donnaient la mesure de la paix dont jouissait son âme, et des douces aspirations vers le ciel dont elle était pénétrée. Mme de Saint-Martin, avec plus de rondeur dans le caractère et d'un naturel plus expansif, ne pouvait tenir refoulées au fond de son cœur les douces et pieuses émotions dont il était si profondément saisi, et elle disait tout simplement et avec une touchante sensibilité à ceux qui l'approchaient le calme profond de son âme, ses regrets et ses espérances; elle parlait du Ciel comme de sa patrie bien aimée où Dieu, dans son infinie miséricorde, allait la faire entrer.

L'uniformité de cette ferme et confiante attitude devant la mort de la part des trois sœurs est le plus bel éloge de la mère qui avait su infuser de bonne heure dans leurs jeunes cœurs l'amour de Dieu, dont elle était si embrasée elle-même, et y développer ces sentiments de foi et d'espérance chrétienne dont nous venons de raconter les merveilleux effets.

Après cette digression que nos lecteurs, j'en suis sûr, nous pardonnerons sans peine, nous devons revenir en arrière pour reprendre notre récit au moment où les trois dernières filles de Mme d'Elbreil, sortant successivement du couvent, venaient se ranger sous sa douce houlette à la suite de leur sœur aînée. Celle-ci assise la première au pieux et paisible foyer s'était pliée bien vite à cette vie de règle, de travail et de piété que lui avait tracée sa mère, et, guidées et encouragées par un tel modèle, ses sœurs n'eurent pas de peine à se façonner aux mêmes habitudes d'ordre et de travail.

Mme d'Elbreil, toujours esclave de son devoir,

ne les quittait plus. Rien n'était touchant comme de voir, tous les jours, cette heureuse mère entourée de ses quatre filles toutes florissantes de santé, au visage souriant et candide, s'acheminer de bonne heure vers l'église, afin de consacrer à Dieu les prémices de la journée par l'assistance au saint sacrifice de la messe. De l'église, s'il y avait quelque emplette à faire, — et l'on s'arrangeait pour qu'il y en eût souvent, — on se rendait dans les magasins pour faire ensemble le choix de l'étoffe, du volume ou de n'importe quel autre objet qu'on avait à acheter; puis on rentrait gaiement au logis pour prendre un premier repas et vacquer ensuite aux diverses occupations qui incombaient à chacune d'elles d'après l'ordre qui leur avait été tracé d'avance.

Le temps donné à la récréation était consacré à recevoir les visites de leurs amies dont Mme d'Elbreil avait, bien entendu, sévèrement contrôlé le choix, ou à leur rendre celles qu'elles en avaient déjà reçues. Avant le coucher du soleil, une nouvelle visite au saint-sacrement faite toujours en commun, sous la conduite de leur mère, venait clore pieusement une journée si bien employée.

Egalement fidèle à l'accomplissement de tous ses devoirs, après avoir consacré la journée à ses enfants, elle réservait ses soirées à son vieux père qu'une récente paralysie du nerf optique avait complètement privé de la vue. Celui-ci habitait avec sa femme, l'hôtel d'Aliés que Mme de Scorbiac, avait recueillie dans la succession paternelle. Dans le jour, un ancien serviteur, son homme de confiance, remplissait auprès de lui le rôle de lecteur, en attendant que l'un de ses petits-fils pût venir, à la fin de ses études, lui rendre assidûment le même service. Après s'être mis au courant, jour par jour, des événements politiques par la lecture des journaux, il puisait ensuite dans la vie édifiante des saints et leurs pieuses maximes, cette forte nourriture de l'âme qui l'aida puissamment à se montrer si ferme et si résigné dans la rude épreuve de ses dernières années. Le soir venu, il était heureux de passer les dernières heures de la journée avec sa fille et ses petits-enfants dont la franche gaieté, parfois un peu bruyante peut-être, charmait cependant très agréablement les ennuis inséparables de sa triste infirmité.

Toujours en éveil sur la conduite de ses enfants, toujours attentive à éloigner d'eux les occasions de danger pour leur âmes qui pourraient se rencontrer sous leurs pas, Mme d'Elbreil s'attachait à leur rendre l'intérieur aussi attrayant que possible. Elle s'efforçait de les mettre en rapport avec des camarades ou des compagnes dont les principes et la conduite ne pussent présenter le moindre danger pour les unes ni pour les autres. Nous avons vu avec quelles précautions elle avait pourvu aux relations qui devaient les sauvegarder pendant que ses deux fils suivaient leurs cours de droit. Depuis leur retour au sein de la famille, par suite de la même préoccupation, elle leur ménageait des parties de chasse, à Saint-Étienne, avec leurs amis, et ceux-ci à leur tour appelaient les jeunes d'Elbreil pour se livrer, dans des réunions choisies, aux délassements du même genre dans leurs propriétés respectives.

Durant les longues soirées de l'hiver, à la campagne surtout, afin d'en égayer un peu la froide uniformité, de petites scènes de comédie ou des charades improvisées venaient de temps en temps jeter leurs inoffensives folies au milieu d'un public très restreint de parents ou d'amis. Les rires moqueurs soulignaient parfois les mimeries par trop exagérées du jeu de nos apprentis acteurs. Mais la bonne volonté de ceux-ci était néanmoins fréquemment encouragée par les applaudissements complaisants du parterre indulgent et tout paternel qui était devant eux.

Quant à Mlles d'Elbreil, elles prenaient leur

part de ces dernières joies, et elles avaient en outre des délassements qui leur étaient propres. Elles faisaient partie d'un groupe assez nombreux de jeunes personnes élevées comme elles dans les principes les plus épurés de la religion chrétienne. Une organisation pieuse, sous la direction d'un respectable prêtre de la cathédrale, les liait les unes aux autres dans une intime confraternité de distractions et de prières. Chacune à son tour invitait chez elle ses compagnes, et il ne se passait pas de semaine sans qu'elles eussent l'occasion de se grouper toutes ensemble, au moins une fois, dans une de ces réunions qui commençaient toujours par quelques courts exercices de piété, et se terminaient non moins fidèlement par les plus folles explosions de gaieté et des amusements toujours animés du plus franc et plus joyeux entrain. C'est, dans cette insouciante jouissance du présent et sans aucun souci de l'avenir, que s'écoulèrent les premières années de leur entrée dans le monde.

Tous ces détails nous ont paru particulièrement utiles pour faire mieux connaître la mère de famille, et mieux apprécier le consciencieux dévouement avec lequel Mme d'Elbreil en avait accompli tous les devoirs. La bonne éducation de ses enfants est en effet le principal objectif de la grande mission de la femme dans le monde; suivant qu'elle aura été plus ou moins bien remplie, les jeunes générations qui grandissent derrière nous sont destinées à devenir le danger ou la sauvegarde de notre avenir social.

Ajoutons que, même dans son propre intérêt, la femme devrait s'attacher avec une infatigable persistance à préserver l'âme de ses enfants, à former leur cœur et assouplir leur caractère. Que de regrets et de douleurs elle s'épargnerait, que de consolations elle se ménagerait pour l'avenir ! Au lieu de se voir entourée parfois d'enfants querelleurs, méfiants ou jaloux les uns des autres, et de se trouver en face, plus tard, d'une famille désunie, qu'elle ne serait pas sa jouissance de voir le calme régner à son foyer, et l'union de tous les cœurs s'établir d'une manière durable autour d'elle, dans un même sentiment d'estime, d'affection et de confiance réciproque !

Dieu ne manque jamais de récompenser le dévouement d'une mère dans ce monde, et c'est toujours, dans la personne de ceux qui en sont l'objet, et qui forment ainsi le plus beau fleuron de sa couronne, qu'éclate plus éloquemment cette récompense.

XI

La vie de la femme, s'écoulant uniforme et
solitaire dans le cercle des occupations à peu
près toujours les mêmes du foyer domestique,
ne peut fournir la matière d'un récit continu et
attachant tel qu'il pourrait quelquefois se trouver dans la vie toujours plus mouvementée de
l'homme. Aussi nous contenterons-nous d'ex-
poser, sans ordre de dates, comme nous l'avons
un peu fait jusqu'ici, les diverses circonstances
qui nous paraîtront les plus propres à nous
faire mieux connaître Mme d'Elbreil. Nous
allons la suivre dans les diverses épreuves de
la vie, au milieu desquelles elle sut se maintenir calme, résolue et toujours exemplaire.

Quelle que soit la position d'une femme dans
le monde, quelque prospères et souriantes que
soient les apparences, elle a, soyons en sûrs,
sa part de préoccupations et de douleurs qui,
pour être cachées, n'en sont bien souvent ni

moins réelles ni moins vives. Quelles qu'elles soient, elles sont la pierre de touche de sa valeur morale et la mesure exacte de ses vertus, de l'élévation et de la fermeté de ses sentiments.

La femme mariée trouve le plus souvent son épreuve dans son intérieur ; suivant que son mari est doux de caractère ou violent et emporté, dissipateur ou économe, modeste dans ses goûts ou ambitieux et déraisonnable dans ses visées, la pauvre femme sera heureuse ou tourmentée, reine ou esclave, quelquefois idole, mais bien plus souvent victime.

Mme d'Elbreil était, à ce point de vue, aussi bien partagée que possible. La vive et tendre affection que les deux époux avaient l'un pour l'autre était basée sur l'estime réciproque la mieux justifiée et la mieux sentie, et elle ne pouvait, par conséquent, courir le moindre risque d'être un jour altérée ; elle ne le fut jamais. Mais cette tendresse elle-même si vraie et si vive, qui faisait son bonheur, devint souvent pour Mme d'Elbreil une cause d'épreuves. La santé de son mari était au fond excellente, mais elle avait, par intervalle, de redoutables ébranlements à essuyer... C'était le fruit des fatigues et des privations physiques, des souffrances morales trop réelles et des commotions de divers genres qu'il avait eues à endurer pendant la période révolutionnaire. Ce fut pour sa femme la source de tourments incessants et des appréhensions les plus sérieuses. Ces préoccupations ne se trahissaient au dehors que par l'attention scrupuleuse qu'elle mettait à écarter de son alimentation tous les mets dont elle redoutait la dangereuse influence sur sa santé. Malgré ces précautions, plusieurs crises éclatèrent, et cette existence si chère fut plus d'une fois en danger. Dans ces douloureux moments Mme d'Elbreil, en proie aux plus poignantes anxiétés, et le cœur brisé, conservait néanmoins tout son sang-froid : elle avait l'œil à tout, et prodiguait assidûment tous ses soins au cher malade qu'elle ne perdait pas un instant de vue jusqu'au moment où le gravité du mal était arrêtée, et tout danger disparu.

Mais ce n'était pas au point de vue seulement de la santé que s'alarmait sa tendresse. Plusieurs fois les événements politiques vinrent jeter l'alarme dans son cœur et menacer, si non les jours, du moins la liberté de M. d'Elbreil; durant les Cent Jours, notamment, il fut l'objet de poursuites les plus sérieuses.

Il avait eu l'audace, en sa qualité de président du conseil général de Tarn-et-Garonne, de provoquer la résistance au gouvernement usurpateur, et de faire décréter par cette assemblée une levée d'hommes qui devaient aller grossir la petite armée de volontaires royaux réunie, sous le commandement du duc d'Angoulême, dans le département de la Drôme. Il n'en fallait pas davantage pour lui attirer les rigueurs du pouvoir. Aussi le chef du détachement, envoyé nuitamment à Saint-Etienne, où M. d'Elbreil, s'était retiré après la rentrée de Napoléon à Paris, avait-il l'ordre de l'arrêter coûte que coûte. Les détails de cette triste journée sont consignés dans la notice biographique qui a précédé celle-ci, nous n'avons donc pas besoin d'y revenir. Qu'il nous suffise de dire qu'en présence de l'attitude de Mme d'Elbreil, dans cette circonstance critique, il ne peut rester aucun doute sur son énergie morale que n'auraient pas laissé soupçonner la douceur et la timide réserve que respiraient ses traits.

De semblables menaces, les mêmes dangers peut-être, se reproduisirent à la suite de la révolution de 1830. Des préoccupations aussi vives se firent sentir encore au fond du cœur de Mme d'Elbreil. Mais elle sut encore, en cette circonstance, comme en 1815, dominer, sans trouble apparent, la situation.

Toujours maîtresse d'elle-même, dans la préoccupation, la douleur ou l'épreuve elle ne le fut pas moins, quand la fortune se montra plus riante et plus prospère.

Son mari fut plusieurs fois l'objet, sous la Restauration, des distinctions les plus flatteuses. Il fut tout d'abord, en 1814, appelé auprès du duc d'Angoulême comme secrétaire de la commission de gouvernement pour le midi de la France que ce prince avait réunie, autour de lui.

L'année suivante, les électeurs du grand collège de Tarn-et-Garonne l'envoyèrent comme député à cette illustre assemblée de 1815, dite la chambre introuvable, dont malheureusement Louis XVIII, mal conseillé, méconnut le dévouement, ou ne voulut pas se servir.

Mme d'Elbreil, bien jeune encore, puisqu'elle atteignait à peine sa trentième année, aurait pu se laisser éblouir par la belle position que ce double honneur faisait à son mari. On ne peut pas dire sans doute qu'elle n'y fut pas sensible : elle en ressentit, au contraire, une vive satisfaction pour lui, et elle s'empressa d'en rendre grâce à Dieu, comme d'un dédommagement flatteur de tout ce qu'il avait souffert pour la bonne cause, durant les mauvais jours de la Révolution. Mais elle n'en montra jamais ni morgue ni fierté, et, après comme avant, dans ses rapports de société, elle ne se départit

pas un seul instant avec qui que ce fût de la
douce et avenante affabilité qui lui était natu-
relle.

Peu d'années après, en 1820 et 1822, M. d'Elbreil fut de nouveau proclamé député par les
mêmes électeurs, et elle fut, cette fois encore,
plus sensible à la peine de la séparation qui allait lui être imposée qu'au nouveau lustre que
cette double élection, toute spontanée de la part
de ses concitoyens, avait pu jeter sur le nom de
son mari Ah! c'est que Mme d'Elbreil puisait
l'inspiration de ses pensées et la règle de sa
conduite aux sources les plus pures de la foi.
Elle acceptait tout comme venant de Dieu et la
prospérité comme l'épreuve la trouvèrent toujours également détachée ou soumise.

XII

Nous avons déjà parlé, au commencement de
cette notice, de la gêne qui se faisait parfois sentir
dans ce ménage dont la fortune était entièrement territoriale, après des récoltes perdues
ou profondément atteintes par l'inclémence des
saisons. Nous avons dit avec quel courage
Mme d'Elbreil se résignait à ces revers et redou-
blait d'économie pour ne pas amoindrir l'avoir de

ses enfants. Mais ce genre d'épreuve fut plus grand encore, lorsque, à la suite de la révolution de 1830, M. d'Elbreil père et son fils aîné virent briser l'un et l'autre leur carrière. La perte des appointements attachés aux fonctions perdues réduisit le revenu de la famille au produit alors si précaire et si peu élevé de leurs terres. Les enfants avaient grandi. Il n'y avait plus, cela est vrai, de pension à payer pour aucun d'eux : mais l'âge qu'ils avaient atteint rappelait à leurs parents que l'heure était venue de penser sérieusement à l'établissement de leurs trois filles. Aussi n'était-ce pas sans un vif serrement de cœur qu'ils se voyaient frappés, précisément à cette heure solennelle, d'une diminution si considérable de leurs revenus.

Prête à tous les sacrifices, dans l'intérêt de ses enfants, Mme d'Elbreil comprend aussitôt que le séjour toujours plus dispendieux de la ville ne leur est plus possible, et elle prend, d'accord avec son mari, la résolution d'aller fixer sa résidence habituelle à la campagne. Aussi bien, celui-ci, profondément affecté des malheurs qui s'étaient abattus sur la France, parviendra t-il plus facilement, dans cette retraite, à faire diversion à ses douleurs ; il s'y occupera avec plus de suite des moyens d'améliorer la propriété de Saint-Etienne qui se ressentait nécessairement beaucoup du peu de soins qu'il avait pu donner jusque-là à la surveillance ou à la direction de cette belle exploitation.

Il ne faudrait pas supposer, d'après ses goûts retirés qui nous sont parfaitement connus, que cette décision ne fut pour Mme d'Elbreil l'occasion d'aucun sacrifice. Oh ! sans doute ses regrets n'avaient pour objet ni le bruit ni le mouvement de la rue qu'elle n'affrontait que contrainte et forcée pour ses affaires, ni l'agitation peu sérieuse de la plupart des réunions mondaines dont, depuis longtemps, elle fuyait le vide et la futilité, encore moins les émotions malsaines du théâtre qu'elle ne connut jamais. Mais ce qu'elle regrettait profondément, pour elle et ses enfants, c'était ce voisinage inappréciable de l'Eglise qui rendait si facile la pratique vivifiante de l'assistance quotidienne au saint sacrifice de la messe et de la visite au Saint-Sacrement, par laquelle se termine si bien la journée bien employée de tout bon chrétien. Ce qu'elle regrettait, c'était aussi ces nombreux pauvres qu'elle assistait de ses aumônes, et quelques autres bonnes œuvres établies dans la ville auxquelles elle n'avait jamais marchandé son concours. A tous ces regrets venait s'ajouter celui de s'éloigner de son vieux père aveugle qu'elle ne pourrait plus voir que rarement, et qu'elle allait priver de ces douces heures de distraction qu'elle et ses enfants lui procuraient, tous les soirs, par leur présence. Autant de sacrifices immenses pour son cœur de fille et de chrétienne, dont elle ne laissa jamais deviner l'étendue à son entourage, résolue qu'elle était à accomplir jusqu'au bout ce qu'elle croyait être son devoir.

La voilà donc partie avec tous les siens pour le château de Saint-Etienne, et, à voir le sourire de ses lèvres et la sérénité de son regard, personne n'aurait pu supposer qu'elle était, de tous, ce'le à qui la nouvelle résolution avait dû le plus coûter.

A peine établie dans sa nouvelle résidence, son premier souci fut de reprendre une à une, autant qu'elle le put, ses occupations habituelles, à l'aide desquelles elle avait régularisé et si bien assuré le bon emploi de la journée. La continuation de ses exercices de piété fut la première de ses préoccupations. A Montauban, le voisinage de la cathédrale rendait très facile l'audition quotidienne de la sainte messe. Elle eut bien voulu continuer sa pieuse habitude de tous les matins ; mais l'Eglise paroissiale de Saint-Etienne, sans être excessivement éloignée du château, était cependant à deux kilomètres de distance. La messe n'était pas toujours exactement célébrée à la même heure, par suite des exigences des paroissiens pour qui elle était dite, et qui ne paraissaient pas avoir le moindre souci de se rendre exactement à l'heure fixée.

Le cocher, qui, en outre du soin des chevaux, avait encore à sa charge une partie du service intérieur, n'était pas toujours disponible pour faire ce double trajet, et, l'eût-il été, il aurait résulté de cette inexactitude involontaire du pasteur de la paroisse des absences trop prolongées pour la bonne marche de la maison. Néanmoins elle surmontait, autant qu'il dépendait d'elle, ces difficultés, et plusieurs fois on la vit, malgré tout ce que la marche avait de pénible pour elle, franchir à pied, entourée de ses trois filles, cette distance, afin de ne pas se priver des consolations que son cœur religieux savait puiser au pied de l'autel, pendant la célébration des saints mystères.

L'un de ses fils, quelquefois tous les deux à la fois se joignaient à elles. Indépendamment du désir de satisfaire leur propre dévotion, ceux-ci avaient encore pour but de rassurer, par leur présence, le groupe pieux et de le protéger contre la rencontre éventuelle des chiens errants ou des bœufs, des bœufs surtout, qu'on avait la mauvaise habitude alors de laisser vaguer et paître à l'abandon sur la pelouse à moitié desséchée des chemins de traverse, et dont leur mère convenait sans peine qu'elle avait grand'peur.

Un autre sujet de préoccupation était venu aussi, dès le début, jeter quelque trouble et de l'hésitation dans la pensée de Mme d'Elbreil. Elle avait contracté la pieuse habitude de se présenter tous les huit jours au tribunal de la pénitence pour se mettre ainsi en état de recevoir, tous les dimanches, le pain eucharistique qui est la vraie nourriture de l'âme, le secret de sa force et de la fermeté de son courage dans la lutte toujours renaissante du mal contre le bien. Elle avait commencé d'engager ses filles dans cette voie. Que fera-t-elle? Elle a pour directeur un vieux confesseur de la foi qui n'a jamais cessé de la diriger depuis son mariage : ses filles non plus n'en ont jamais connu d'autre. Le vieux **pasteur** de la paroisse de Saint-Etienne est aussi un prêtre des plus respectables qui avait réussi à ne jamais déserter son poste, durant les plus mauvais jours de la Révolution, et qui a droit aussi, par tous ces motifs, à toute leur confiance. Mais il les connaît moins, et, habitué qu'il est à n'avoir en face de lui que des consciences tout d'une pièce, ouvertes à tous les vents de la passion humaine et souvent, hélas ! cruellement démantelées, aura-t-il assez de tact et de savoir-faire pour ne pas effaroucher, dès le début peut-être, ses chères enfants, blanches et craintives colombes, qui en ont encore, elle croît en être sûre, la simplicité et l'innocence ? C'était plus qu'il n'en fallait pour la faire hésiter à soumettre ces chères âmes à l'épreuve d'un changement de direction.

D'un autre côté, elle a toujours présent à la pensée le souvenir de ses parents, ces chers vieillards, qui sont demeurés seuls à Montauban. Y revenir, pour se confesser chaque samedi, ce serait un moyen sûr de les revoir à jour fixe et de passer quelques douces heures avec eux. Le samedi est le jour du grand marché hebdomadaire de Montauban, jour d'affaires pour les propriétaires, et cette apparition périodique au chef-lieu, loin d'être une cause de dérangement, peut devenir au contraire avantageuse pour tous. Dès lors plus d'hésitation : personne ne changera de confesseur, et, chaque samedi matin, Mme d'Elbreil montera fidèlement en voiture avec ses chères filles pour accomplir ce double pèlerinage. Celles-ci, on le comprend sans peine, étaient enchantées d'accompagner leur mère, pour sa-

tisfaire leur dévotion d'abord et revoir leur excellents parents, heureuses aussi, pourquoi ne
pas en convenir, d'avoir une bonne occasion de
rompre l'uniformité par trop solitaire parfois
de leur séjour à la campagne.

A peine arrivé à Montauban, on se rendait
en toute hâte à la chapelle du couvent des
ursulines, où se trouvait le confessionnal
du pieux chanoine qui avait la charge bien
légère de diriger ces consciences candides : puis on allait au parloir passer la demi-
heure réglementaire toujours trop courte à
leur gré, avec leur chère sœur Marie de Jésus
qui, de son côté sans doute, ne la trouvait pas
moins écourtée, mais qui ne le laissait jamais
paraître, et se montrait toujours également inflexible, en présence des exigences de la règle.
On se hâtait ensuite d'aller chez le bien aimé
grand-père, qui les recevait à bras ouverts, et
se montrait tout heureux des quelques heures
que pouvaient lui donner sa fille et ses petits-enfants L'heure de la séparation arrivait toujours
trop tôt pour les uns comme pour les autres.
Mais le devoir était encore là pour la mère de
famille de ne rien changer autant que possible
à l'ordre de la maison, et, quelque pénible que
le moment du départ dût être pour sa tendresse
filiale, Mme d'Elbreil en donnait fidèlement le

signal, à l'heure convenue : nous n'avons pas besoin d'ajouter qu'il s'effectuait toujours au milieu des plus cordiales effusions et des embrassements les plus tendres.

Elles étaient bien douces sans doute pour ses parents comme pour elle, ces heures passées ensemble, chaque samedi : mais les autres jours de la semaine, ces bien aimés vieillards devaient se trouver bien tristes, bien isolés ! Tourmentée de cette pensée, Mme d'Elbreil se décida bientôt à laisser auprès d'eux, à tour de rôle, une de ses filles qui, le samedi suivant, était relevée par une de ses sœurs de ce service d'affection et de dévouement. Aucune d'elles assurément n'était insensible à la peine d'être séparée de ses sœurs et du reste de la famille, pendant toute une semaine : mais la pensée de l'utilité de leur présence auprès de leurs grands parents était le meilleur dédommagement de la privation qu'elles s'imposaient, et jamais une plainte ne s'exhala de leur bouche à ce sujet. Quant à leur mère, elle s'oubliait elle-même pour ne penser qu'à l'agréable distraction qu'elle procurait par là à ses parents. De temps en temps le plus jeune de ses fils, afin de ménager à sa mère la jouissance de voir ses trois filles réunies à la fois autour d'elle, allait passer, à son tour, une semaine auprès

6

de ses grands parents. Il faisait de son mieux pour qu'ils ne s'aperçussent pas trop de l'infériorité, non pas de sa bonne volonté et de son dévouement qui étaient les mêmes que chez ses sœurs, mais de ce savoir-faire délicat et de ces mille petites attentions dont la femme semble avoir le privilège exclusif.

Trois années s'écoulèrent ainsi au milieu d'événements politiques pleins d'agitations et de poignantes tristesses. Mais, localisées à Paris et dans quelques départements de l'Ouest, le contrecoup ne s'en fit guère sentir dans le département de Tarn-et-Garonne. Ce n'est pas que le mauvais vouloir ait manqué à certains de nos fonctionnaires qui, prenant plutôt conseil de leurs rancunes politiques que de cet esprit d'impartialité et de justice dont tout honnête homme tient à se montrer animé, auraient voulu faire sentir le poids de leur vengeance au magistrat intègre et inflexible qui les avait si bien tenus en respect, à Montauban, durant la courte tourmente des derniers jours de juillet 1830. Mais on ne trouva pas le plus petit prétexte pour justifier ces odieuses prétentions, et, à part deux fausses alertes qui vinrent momentanément jeter le trouble et l'alarme au sein de la famille d'Elbreil, rien ne vint matériellement altérer le calme de la solitude de Saint-Etienne.

M. l'abbé d'Elbreil avait pu, dans le courant de l'année suivante, en 1831, résigner ses fonctions de supérieur du grand séminaire de Montauban trop absorbantes et trop lourdes pour son grand âge, et il était venu rejoindre les siens au château de Saint-Etienne. Sa présence vint mettre fin aux privations spirituelles dont Mᵐᵉ d'Elbreil avait eu tant à souffrir ; elle put compter désormais sur l'assistance quotidienne au saint sacrifice de la messe pour elle, son mari et ses enfants, et, plusieurs fois le jour désormais, elle pouvait aller adorer son Dieu vraiment présent dans le modeste tabernacle de la chapelle du château et puiser, à grands traits, à cette source qui ne tarit jamais, des grâces et des miséricordes divines.

Depuis ce moment, le château parut à tous moins solitaire et plus animé. On y rentrait plus gaiement, le samedi soir, au retour de l'exode hebdomadaire à Montauban, depuis qu'on était sûr d'y retrouver le pieux sanctuaire toujours vivifié par la présence réelle de Notre divin Sauveur qui daigne se montrer toujours reconnaissant de nos hommages et de nos adorations, et toujours prêt à répandre ses plus douces et ses plus abondantes bénédictions sur ceux qui l'implorent. Quand le cœur était pris de tristesse ou prêt à défaillir, c'est au pied de l'autel qu'on venait épancher le trop-plein de ses découragements et de ses amertumes, et jamais on ne se relevait de ces pieux prosternements sans se sentir plus calme et plus résigné dans l'épreuve, plus fort pour triompher des abattements ou des tristesses de notre pauvre nature.

La position matérielle de la famille s'était sensiblement améliorée à la suite des intelligentes réformes introduites par le fils aîné de Mme d'Elbreil dans l'exploitation de la propriété de Saint-Etienne. Grâce à l'incessante surveillance qu'il exerçait, avec le concours encore bien peu expérimenté, mais plein de bonne volonté de son frère, sur tous les travaux à la fois, la propriété fut promptement remise dans un état plus prospère : le niveau des produits s'éleva bientôt assez pour compenser en grande partie l'amoindrissement des revenus causé par la Révolution.

C'est vers cette époque, alors que les temps étant devenus plus calmes, et le séjour de la ville, par conséquent, moins pénible pour le cœur profondément royaliste de M. d'Elbreil, qu'on se décida à quitter la campagne pour venir passer la mauvaise saison à Montauban.

CHAPITRE XIII

Il est un âge où se produisent d'ordinaire, avec plus ou moins d'évidence, dans l'âme du jeune homme et de la jeune fille, les appels de Dieu à tel ou tel genre de vie, suivant les goûts dominants et les tendances plus ou moins généreuses de leurs aspirations.

Tous les enfants de Mme d'Elbreil avaient atteint cet âge, et chacun d'eux avait dû, par un sérieux retour sur lui-même, rechercher la voie où Dieu paraissait l'appeler plus particulièrement, et se disposer à la suivre.

C'est, à quelque point de vue que l'on se place, une heure pénible et solennelle dans la vie d'une famille vraiment chrétienne. Quelle que soit l'harmonie qui puisse régner entre tous ses membres, quelque resserrés que soient les liens qui les rattachent au foyer paternel, il arrive cependant un moment où la dislocation com-

mence et sépare forcément les uns ou les autres
du centre heureux de leurs affections les plus
douces et les plus vraies. On ne saurait con-
clure de ce nouvel état de choses que la moindre altération de ces sentiments se soit pro-
duite dans le cœur de ceux qui s'éloignent.
Mais, dans l'œuvre de la Providence, chacun
de nous a son rôle tracé d'avance. Les uns sont
appelés à créer, autour d'eux, un nouveau centre
de famille sur lequel Dieu vient répandre ses bénédictions plus ou moins abondantes, d'autres
plus particulièrement favorisés du Ciel, se sen-
tent appelés à lui vouer une vie d'immolations
et de sacrifices, dans le cloître ou le sacerdoce,
pour mieux assurer leur salut et la possession
de l'éternité à laquelle nous tâchons tous d'arriver. Mais, quelle que soit la destinée de chacun,
ce n'est pas sans déchirement qu'on s'éloigne
du foyer paternel où nos premières années se
sont écoulées si calmes et si heureuses."

Quelle que soit la douceur des liens nouveaux
qui vous enchaînent loin du toit paternel, c'est
toujours avec bonheur que le jeune père comme
la jeune mère de famille y ramènent leurs chers
petits enfants : c'est auprès de ce foyer d'affection filiale qu'ils aiment toujours à venir réchauffer le cœur et retremper l'âme de la jeune
génération qui s'élève autour d'eux. Quant à

ceux qu'un plus noble appel de Dieu a conduits
dans des sentiers plus parfaits de la vie, ils
passent souvent, aux yeux du monde superficiel,
pour avoir moins senti la puissance et la
douceur de ces liens de la famille. C'est là
une appréciation erronée ; car, si ces élus
de Dieu ont quitté ainsi ce cher foyer, ce n'est
certes pas faute de le goûter et de le chérir,
mais c'est que, dans leur ardent désir de se
donner tout à Dieu, ils ont été dominés par la
crainte de ne pas se montrer assez généreux
envers lui. Au livre de vie sont inscrites et la
vivacité de leurs affections pour la famille
absente et la grandeur des sacrifices qu'ils ont
eu à s'imposer et de ceux qu'ils s'imposent, à
tous les moments du jour pour ainsi dire,
afin de se résigner à cette séparation sans
plainte ni murmure.

La famille d'Elbreil touchait donc à cette heure
critique où elle eut bientôt à subir, elle aussi, la
pénible épreuve d'une dislocation graduelle.

L'aînée des quatre sœurs s'était sentie attirée vers la vie religieuse ; nous avons vu quels
admirables fruits de grâce et de mérite le cloître
avait fait éclore et épanouir dans cette âme
privilégiée.

La troisième, Mlle Eugénie, alla, en 1835, s'en-
fermer, elle aussi, dans le même monastère des

ursulines. Quatre ans encore, et elle aura le bonheur de pouvoir célébrer, dans la même maison, le cinquantième anniversaire de sa profession.

La plus jeune, Mlle Nathalie, contracta, peu d'années après, une alliance des plus honorables, dans le département. Dans ce nouvel état, toujours fidèle aux principes profondément chrétiens qui avaient présidé à son éducation, elle s'est constamment montrée, comme épouse et comme mère, la digne fille de celle qui lui avait donné le jour.

Quant à Mlle Anastasie, dont nous n'avons peut-être pas encore parlé, elle était douée d'une exquise sensibilité et du cœur le plus aimant. Plusieurs fois demandée en mariage, elle ne put jamais se décider à quitter la maison paternelle et à se séparer de ses chers parents. Elle leur avait voué tous ses soins et ses tendresses, et elle demeura jusqu'à la fin leur compagne providentielle et l'ange consolateur de leurs vieux jours.

Des trois fils de Mme d'Elbreil, Maurice, le plus jeune de tous, mourut à l'âge de sept ans, dans la plénitude de son innocence baptismale. Son frère aîné, Philippe, entra très jeune dans la magistrature. Il était déjà, à l'âge de vingt-sept ans, investi des importantes fonctions de

juge d'instruction au tribunal civil |de Mon-
tauban. Mais lorsque la tempête révolutionnaire vint, en 1830, renverser le trône plusieurs
fois séculaire des Bourbons, il se crut lié par
le serment de fidélité qu'il avait prêté à l'au-
guste chef de la famille exilée, et, refusant d'engager sa foi à celui qui avait usurpé sa couronne, il rentra noblement dans la vie privée. Il
épousa, quelques années plus tard, Mlle de Gi-
ronde, qui appartenait, elle aussi, à une famille
profondément dévouée à la branche aînée des
Bourbons. Un de ses membres, ami du magistrat démissionnaire et officier de cavalerie,
refusa comme lui de prêter le nouveau serment,
et il brisa généreusement avec son épée la bril-
lante carrière qui s'ouvrait devant lui.

Plus jeune que lui de quatre ans, son frère,
Isidore, se disposait à entrer, lui aussi, dans la
magistrature, mais il n'avait pu parvenir encore
à en franchir le seuil lorsque la Révolution
avait éclaté. Malgré le peu de fortune qu'il était
destiné à avoir un jour, il ne voulut pas des
faveurs de la nouvelle dynastie et renonça pour
toujours aux fonctions publiques. Ses parents,
ne pouvant l'établir auprès d'eux dans la maison
paternelle où l'aîné devait plus naturellement
trouver sa place, s'estimèrent heureux de le
faire entrer, comme gendre, dans une des plus
honorables familles de la ville, qui résidait dans

un hôtel très voisin du leur. M. le marquis de Vassal, originaire de Périgord, y vivait seul avec sa femme et ses deux filles. Ses deux fils, beaucoup plus âgés que leurs sœurs, étaient déjà mariés, depuis plusieurs années, hors de la maison. Aussi M. et Mme de Vassal se montrèrent-ils tout disposés à accueillir à leur foyer le jeune d'Elbreil, en lui accordant la main de leur plus jeune fille, Mlle Victorine, alors âgée de vingt-trois ans.

XIV

Les trois premières années, qui s'écoulèrent depuis son retour à Montauban, furent pour Mme d'Elbreil des années de tristesse et de deuil. Son vénérable et bien aimé père fut inopinément enlevé à sa tendresse, en 1836. Quoique frêle de corps et déjà âgé de soixante-quinze ans, il n'avait d'autres infirmités qu'une pénible surdité et la privation complète de la vue.

Le régime hygiénique si sobre et si bien réglé auquel il s'était rigoureusement soumis laissait aux siens le légitime espoir que Dieu voudrait bien le conserver, durant plusieurs années encore à leur tendresse. Mais le Ciel, dans ses desseins insondables, en avait décidé autrement. Vers la fin de l'hiver de 1836, il fut saisi inopinément par une fièvre pernicieuse qui laissa à peine le temps de lui administrer les derniers sacrements de l'Église. Il put cependant les recevoir avec sa pleine connaissance et avec toute la foi et les sentiments d'humilité profonde dont il s'était toujours montré si pénétré.

C'est ainsi qu'une vie constamment irréprochable fut dignement couronnée par une mort vraiment chrétienne; pour avoir été prompte et rapide, elle n'avait été nullement imprévue pour lui. Les douze années écoulées, depuis le jour où il se vit entièrement privé de la vue, avaient été une longue préparation à ce terrible passage du temps à l'éternité, par la ferveur de ses prières, son admirable résignation et la générosité toujours sereine de son sacrifice.

L'isolement où allait se trouver désormais sa pauvre mère aurait sans doute forcé Mme d'Elbreil à venir s'établir à Montauban, si elle n'avait déjà pris le parti de renoncer au séjour de la campagne, pendant la mauvaise saison.

Elle n'eut donc rien à changer à ses projets, et elle put s'appliquer, avec une attention nouvelle et un redoublement d'assiduité auprès d'elle, à tâcher de lui adoucir, par sa présence

ou celle de ses enfants, la solitude et les tristesses de son veuvage.

Malheureusement, il ne fut pas de longue
durée. Plus âgée de deux ans que son mari,
Mme de Scorbiac en avait alors soixante-dix-
sept. Sa santé naturellement frêle ne s'était
soutenue jusqu'à cet âge avancé que grâce à
des précautions sans nombre et un traitement
hygiénique des plus sévères. Absorbée par l'assiduité des soins que réclamait constamment
d'elle l'état de cécité de son mari, elle était
soutenue et fortifiée par la pensée que sa présence auprès de lui lui était indispensable. Mais
lorsque l'objet de son dévouement vint tout à
coup à lui manquer, ce fut pour ainsi dire l'ali-
ment de son existence qui lui fut par là même
enlevé.

Aussi les premières atteintes de la maladie
qui devait l'emporter se firent-elles sentir au
bout de quelques mois. L'inévitable dénouement
qu'elle devait avoir fut signalé, dès le début,
par l'excellent médecin qui lui donnait ses soins.
Cette âme si humble et si craintive en apparence
était, heureusement, chrétiennement trempée,
et elle se sentit assez forte pour savoir toute
la vérité, à ce sujet. Après l'avoir connue, loin
d'en être abattue, elle se montra pleine de courage et de confiance en face de la mort, toujours

imminente, qu'elle vit approcher avec une résignation et un calme qui ne se démentirent
pas un seul moment. Une fin aussi enviable qui
remplit ordinairement le cœur des survivants
de tant de consolations par la certitude qu'elle
leur laisse que la personne aimée qu'ils regret-
tent est passée à une vie meilleure, n'en fut pas
moins un terrible coup pour Mme d'Elbreil. Les
quelques jours d'agonie qui l'avaient précédée
furent pour elle l'occasion de déchirements tout
particuliers. Mme de Scorbiac, ainsi que nous
l'avons dit, ne se faisait aucune illusion sur son
état, et elle envisageait, sans se troubler le
moins du monde, sa fin prochaine. Elle en parlait comme d'un événement ordinaire, et elle
réglait avec sa fille, dans le calme le plus complet, divers arrangements à prendre après son
décès : elle s'occupait de tout régler avec elle,
jusqu'à l'emploi des plus petites sommes qu'elle
avait classées dans son secrétaire avec une destination particulière. Mme d'Elbreil ne pouvait
envisager, sans une émotion profonde, le
cruel événement qu'avaient en vue les confidences de sa mère; mais, comprenant d'un autre
côté la nécessité de se contenir devant elle, pour
lui épargner la vue de ses pleurs, elle se faisait
une violence au-dessus de ses forces pour com-
primer son émotion prête à éclater. Cette lutte à

tous moments renouvelée achevait de briser son cœur. A peine était-elle hors de la présence de sa pauvre mère que sa douleur faisait explosion en une grande abondance de larmes qui la soulageaient momentanément : mais le lendemain, sous le coup des mêmes émotions, se renouvelaient les mêmes luttes et les mêmes brisements de cœur. Son âme en eût été vraiment accablée et complètement abattue si elle n'eût été si bien soutenue par sa grande foi, et si elle avait été moins fréquemment alimentée du pain des forts, au banquet eucharistique.

Nous ne pouvons laisser disparaître du milieu de nous celle à qui Dieu avait confié le soin de protéger l'enfance de Mme d'Elbreil et de la façonner à la vertu, sans consacrer quelques lignes à sa mémoire. Issue de la noble famille des d'Aliès de Caumont dont elle était l'unique et dernier rejeton, elle avait passé les premières années de sa jeunesse avec sa mère, au milieu de toutes les aises de la vie que peut permettre la possession d'une grande fortune. Recherchée de bonne heure en mariage, elle fut accordée de préférence, à cause des sentiments religieux dont il se montrait animé, à un jeune officier récemment revenu d'Amérique, fils aîné de M. de Scorbiac, un des grands propriétaires de la cité. Mlle d'Aliès était admirablement douée, elle aussi, et, sous sa frêle constitution, battait un grand cœur et s'épanouissait une âme forte et capable de tous les dévouements. Elle ne s'était jamais séparée de sa mère, et celle-ci s'était toujours appliquée à développer en elle le sentiment du devoir et la piété la plus exquise. M. de Scorbiac, de son côté, avait parfaitement répondu aux soins intelligents et dévoués dont il avait été l'objet, et il était animé des mêmes sentiments. Aussi, en venant prendre place à son nouveau foyer, loin de se plaindre des pieuses pratiques qui y étaient en honneur, il s'appliqua de son mieux à y conformer sa vie. Dieu répandit sur le jeune ménage ses meilleures bénédictions, et, si ce n'eût été les temps si troublés de la période révolutionnaire qu'ils eurent à traverser, rien n'eût manqué à leur bonheur. Sept enfants naquirent de cette union, quatre seulement survécurent à leurs excellents parents ; les trois autres moururent en bas âge.

Nous n'avons pas à nous étendre ici sur les éminentes qualités qui distinguaient Mme de Scorbiac. Pour les faire connaître, il nous suffira de dire les heureux résultats de l'éducation qu'elle avait su donner à ses enfants. Nous avons appris, par ce récit, ce qu'était devenue sa fille sous sa pieuse direction. De ses trois fils, l'un fut trouvé digne de consacrer sa vie à Dieu, dans le sacerdoce; le plus jeune, enrôlé, en 1874, à l'âge de seize ans, dans les gardes du corps du roi Louis XVIII, sut y sauvegarder son innocence et s'y maintenir, malgré son jeune âge et son inexpérience, dans la conduite la plus régulière et la pratique constante de ses devoirs religieux. Le fils aîné, le baron de Scorbiac, fut appelé successivement à jouer un rôle important dans la ville, comme commandant de la garde nationale à cheval, comme conseiller général, soit enfin comme maire de cette cité, dans des moments difficiles; et toujours il se fit remarquer par son aptitude, la fermeté de ses principes religieux, son inépuisable charité et son dévouement sans limites à la grande cause du bien.

Qu'on ne vienne pas dire que le hasard entre pour beaucoup dans le résultat final favorable ou malheureux de l'éducation des enfants, ou bien que le succès est un don de Dieu à qui seul en revient l'honneur. Ah! sans doute, ce succès est incontestablement son œuvre: mais sa divine providence n'agit pas seule, ni directement; et parmi les causes secondes qu'elle met en jeu, pour la faire réussir, il faut placer en première ligne, on en conviendra, le savoir-faire, la bonne volonté et le dévouement de la mère.

Nous aurons donc mis suffisamment en évidence le mérite et la valeur morale de Mme de Scorbiac, en faisant connaître ce qu'ont été les enfants élevés par elle et si bien façonnés de ses mains à la vertu et au dévouement.

Après avoir payé, en passant, à cette douce et sainte mémoire ce faible tribut de louanges qui lui était bien légitimement dû, nous allons revenir à notre notice.

XV

Nous nous trouvions ici fort embarrassés pour continuer l'examen de cette vie dans ce qu'elle a de plus intime et de plus ignoré, parce qu'il s'écoule à l'ombre du sanctuaire de la famille. Cependant notre travail serait-il complet, si nous n'initiions pas le lecteur à ces détails d'intérieur, à ces observances de tous les jours, à cet emploi régulier et réfléchi de toutes ses heures, qui sont les moyens les plus propres à faire connaître et apprécier le mérite de toute une existence.

Nous avons donc eu encore une fois recours à son fils. Il a bien voulu nous transmettre les lignes suivantes que nous nous empressons de transcrire ici.

« Monsieur, me dit-il, je n'ai eu ni difficultés
» à vaincre ni embarras à surmonter pour
» répondre aux diverses questions que vous
» m'avez précédemment posées. Vous m'aviez
» demandé seulement de vous renseigner sur
» les principes et le mode d'éducation à l'aide
» desquels ma mère nous avait élevés, et,
» pour vous répondre, je n'avais eu qu'à faire
» appel à mes souvenirs et vous transmettre le
» détail de certains faits, encore présents à ma
» mémoire. La justification et l'éloge de ses
» procédés ressortaient de ce simple exposé.
» Je n'avais donc pas à craindre d'encourir le
» reproche de partialité.

» Aujourd'hui la position n'est plus la même;
» vous me demandez de vous renseigner sur
» les vertus et les mérites de ma sainte mère,
» ses pratiques de piété, la nature et le carac-
» tère de ses rapports avec les divers mem-
» bres de sa famille, ses inférieurs ou les
» personnes de la société avec lesquelles elle
» avait conservé des relations. Je dois donc
» juger et apprécier, et c'est précisément là ce
» qui constitue pour moi un véritable danger
» contre lequel je dois me tenir en garde. Péné-
» tré du plus tendre respect en même temps
» que de l'admiration la plus sincère pour cette
» mémoire si chère, puis-je espérer être as-

» sez impartial pour apprécier sagement et
» sans la moindre exagération le mérite de cette
» vie exemplaire ? Ne suis-je pas trop disposé à
» tout admirer de la part de celle qui fut tou-
» jours à mes yeux un modèle accompli de tou-
» tes les vertus, j'allais ajouter, l'idéal de toutes
» les perfections ? Après tout, n'est-ce pas,
» monsieur? je serai toujours excusable à vos
» yeux. Si je m'égare trop dans les illusions de
» ce prisme filial, vous voudrez bien mettre dans
» votre récit les correctifs que vous jugerez
» nécessaires. »

Nous avons tenu à faire connaître ce préambule de la communication qui nous a été faite, avant d'en commencer l'insertion, afin que le lecteur, ainsi prévenu, puisse mieux se tenir en garde, s'il le juge à propos, contre les prétendues exagérations dont il y est question. Pour nous, nous nous sommes décidés à la publier tout entière, sans y ajouter la moindre observation, ni formuler une réserve. Nos lecteurs n'auront pas, nous l'espérons, à le regretter.

« Ma mère, nous dit-il, toujours préoccupée
» de la préservation de l'âme de ses enfants,
» avait coutume d'apporter la plus minutieuse
» attention dans le choix des domestiques
» qu'elle prenait à son service. Elle ne per-

» dait de vue que le moins possible ses enfants,
» et elle avait l'œil constamment ouvert sur le
» moindre de leurs mouvements. Mais, comme
» par la force des choses, ils devaient inévita-
» blement, une fois ou l'autre, se trouver en
» rapport direct avec eux, il fallait éviter à tout
» prix que ce contact pût devenir un danger
» pour leur innocence. Aussi, malgré la sévé-
» rité qui avait présidé au choix qu'elle avait
» fait d'eux, elle ne cessait de les observer dans
» leurs habitudes, leur caractère ou leur lan-
» gage, pour y puiser les éléments d'une règle
» de conduite plus rationnelle et plus sûre à
» tous ces points de vue. Elle ne se faisait
» d'ailleurs aucune illusion sur l'étendue de la
» responsabilité qui pèse sur la tête d'une
» maîtresse de maison au sujet de ses domes-
» tiques, et elle était bien déterminée à ne décli-
» ner aucune des obligations que lui dicterait la
» conscience à cet égard.

» Ses préoccupations sous ce rapport ne se
» bornaient point au service intérieur de la mai-
» son. Elles franchissaient les murs de son ha-
» bitation, et elles s'étendaient sur les gens de
» peine et autres ouvriers ruraux employés
» dans les divers bâtiments d'exploitation dé-
» pendant de la propriété de Saint-Étienne. Elle
» s'informait du bon ordre et de la tenue plus

« ou moins bien établis dans chacune de ces
« maisons, de la fidélité de chacun à ob-
» server les prescriptions de l'Église relative-
» ment à la cessation du travail tous les diman-
» ches et fêtes, à l'assistance aux offices de la
» paroisse et à l'accomplissement du devoir
» pascal. Mais, en cette dernière matière si dé-
» licate et si sacrée, sa réserve était extrême, et
» elle se borna toujours à recommander la vi-
» site annuelle au confessionnal de M. le curé
» qui doit demeurer seul juge de ce que peut
» et doit faire ensuite son pénitent.

» Lorsque le défaut de surveillance de la part
» d'une de ces mères de famille sur ses en-
» fants lui était signalé, comme dangereux pour
» la préservation de leur innocence, elle la fai-
» sait venir au château, et là, après lui avoir
» rappelé ses devoirs de mère chrétienne, elle
» lui donnait les plus judicieux conseils sur la
» manière de se conduire avec ses enfants, in-
» sistant surtout sur la nécessité d'allier tou-
» jours, dans ses rapports avec eux, une grande
» douceur à la plus inébranlable fermeté. Elle
» réussissait le plus souvent à secouer l'in-
» différence souvent inconsciente de cette
» femme peu éclairée, mais bonne au fond, et à
» rétablir ainsi l'ordre et la bonne tenue de la
» maison.

7.

» Mais si quelque manquement grave avait
» pu éclater, oh ! alors elle n'avait plus rien à
» ménager, et une sévère admonestation, suivie
» de menaces d'expulsion, dans le cas où il y
» aurait renouvellement du scandale ou refus
» de le réparer, quand la chose était possible,
» coupait le mal dans sa racine ou en atténuait
» du moins le mauvais effet par la cessation
» absolue des fréquentations compromettantes
» qui avaient donné lieu à ce regrettable éclat.

» Quant aux deux ou trois familles établies
» aux abords du château, elle poussait plus
» loin encore ses soins à leur égard. Le diman-
» che, dans l'intervalle des offices, elle réunis-
» sait autour d'elle les enfants de tout âge avec
» les plus jeunes de ses domestiques et ses pro-
» pres enfants, et elle prenait la peine de leur
» faire réciter le catéchisme qu'elle leur expli-
» quait ensuite, distribuant aux unes et aux
» autres avec la plus impartiale équité, suivant
» les cas, l'éloge ou le blâme. Plus tard, quand
» ses filles eurent grandi, elles furent char-
» gées à leur tour de remplacer leur mère,
» dans cette tâche importante dont on ne peut
» pas plus contester l'utilité que le mérite.

» Sa vigilance était encore plus attentive sur
» les domestiques attachés au service intérieur
» de la maison, et elle veillait soigneusement à

» ce que chacun d'eux fût fidèle à l'observance
» du moindre de ses devoirs de chrétien. Tous
» les soirs, en outre, vers dix heures, alors que
» tout le travail imposé à chacun devait être de-
» puis longtemps terminé, elle réunissait tout
» le personnel de la maison, maîtres ou domes-
» tiques, dans son oratoire ou dans la chapelle
» du château, quand on était à la campagne, et
» là, humblement prosternée devant le crucifix
» aux pieds duquel elle faisait toutes ses priè-
» res, elle récitait elle-même, ou faisait réciter à
» haute voix par un de ses enfants la prière vo-
» cale en usage dans le diocèse. Le pieux exer-
» cice se clôturait par la lecture de la vie du
» saint du jour ou de tout autre livre édifiant.

» Cette courte lecture de piété pouvait
» suffire pour les domestiques qui avaient à
» travailler durant tout le jour : elle ne la ju-
» geait pas suffisante pour elle ni pour ses en-
» fants, dont aucune occupation forcée n'absor-
» bait les instants et ne dépensait les forces.
» Aussi, durant l'après-midi, trouvait-elle tou-
» jours un moment pour vaquer de nouveau à
» cet exercice par la lecture en commun de
» quelques pages plus longues et plus sérieu-
» ses puisées dans le beau livre de l'Imitation
» de Notre-Seigneur et un traité sur le dogme
» ou la morale évangélique.

» C'était le plus souvent, quand on était à la
» campagne, au retour d'une de ces promena-
» des qu'on manquait rarement de faire, tous
» les jours, en famille après le déjeuner, dans
» les allées tortueuses du parc ou les chemins
» solitaires et ombragés tracés à travers les vi-
» gnobles et les bois contigus au château.
» On se réunissait, en rentrant, dans le salon,
» et pendant que les dames, groupées autour
» d'une chiffonnière, s'occupaient de leurs tra-
» vaux d'aiguille ou de broderie, mon frère ou
» moi, sur un signe de ma mère, nous pre-
» nions les livres pieux où nous faisions la lec-
» ture habituelle.

» Elle durait dix minutes où un quart
» d'heure au plus, et puis chacun de nous cou-
» rait à ses occupations particulières, soit dans
» les champs, soit dans notre cabinet de travail.

» Ce pieux exercice était loin d'être sans
» attrait pour nous. Je me rappelle encore
» avec quel bonheur plus tard, lors du rendez-
» vous annuel de famille qui nous réunissait à
» Saint-Étienne, nous venions, avec nos en-
» fants, nous grouper dans ce même salon au-
» tour de ma mère, pour assister à cette lecture
» pieuse que nous avions entendue tant de fois
» et qui éveillait en nous les plus frais souve-
» nirs de notre enfance.

» Ardente à prier, ma mère aurait volontiers
» consacré de bien longues heures à la médita-
» tion, à des lectures pieuses ou à la récitation
» de prières vocales. Mais chaque fois qu'elle
» s'est trouvée en présence d'un devoir à accom-
» plir, soit comme mère de famille, ou seulement
» comme maîtresse de maison, elle sut sacri-
» fier ses goûts et son attrait pour s'y livrer
» tout entière. »

» Elle avait trouvé tant de douceur et puisé
» tant de force pour supporter les épreuves de
» la vie, dans la prière, qu'elle n'avait pas de
» plus ardent désir que d'en infuser le goût et
» l'habitude dans l'âme de ses enfants. Vous
» avez déjà dit le succès de ses efforts pour
» mener à bien leur éducation, et vous avez
» ajouté que son arme favorite, celle sur l'effi-
» cacité de laquelle elle croyait devoir le plus
» compter pour réussir, c'était toujours la
» prière.

» Mais quand cette œuvre des œuvres pour
» une mère soucieuse de ses devoirs fut termi-
» née au gré de ses désirs, et qu'aucun de ses
» enfants n'eut plus à réclamer d'elle ni sur-
» veillance ni direction, elle put alors se laisser
» aller au doux et puissant attrait qui l'attirait
» vers l'oraison sous toutes ses formes. Qu'elle
» priât dans son oratoire ou à l'église, on la

» voyait toujours humblement prosternée et
» pour ainsi dire anéantie dans le sentiment de
» son indignité et des prétendues misères de
» son âme qu'elle déplorait amèrement, et dont
» elle poursuivait avec tant d'ardeur l'efface-
» ment et l'expiation.

» Pouvions-nous être les témoins journaliers
» de tant de ferveur et de tant d'humilité, sans
» en être profondément touchés, et comment
» n'aurions-nous pas un vrai culte d'admiration
» pour cette sainte mémoire ?

» Soumise comme un enfant au directeur de
» son âme, elle se laissait pousser docilement
» par lui à la communion fréquente, toute indi-
» gne qu'elle pût se croire d'une pareille fa-
» veur. Elle ne tarda pas à être admise même à
» la communion quotidienne. C'est qué son
» directeur la connaissait à fond. Il savait
» qu'il n'y avait pas à craindre de la voir
» jamais abuser de cette profusion de grâces.
» Plus fréquemment elle recevait son Dieu
» dans son cœur, plus elle s'y préparait avec
» un redoublement d'amour et un sentiment
» plus profond de son indignité. Jamais elle
» ne sortait, le matin, pour aller participer aux
» saints mystères, sans s'y être préparée par
» plusieurs heures de prosternement aux pieds
» de son crucifix. Avant de sortir, elle était

» comme abîmée dans un égal sentiment de
» désir et de crainte ; mais, au retour, elle était
» toute à la joie de posséder son Dieu dans
» son cœur, et sa figure était comme irradiée
» du bonheur dont son âme était inondée. »

XVI

« Des impressions si douces et si vives,
» que chaque jour voyait se renouveler, de-
» vaient s'imprégner comme une bienfaisante
» rosée sur ce naturel déja si bien doué. Aussi
» l'aménité de ses rapports ne laissait-elle rien
» à désirer à personne. Avenante à tous, elle
» accueillait le pauvre comme le riche avec une
» bienveillance égale. Elle avait pour le pre-
» mier de ces sourires compatissants qui sem-
» blaient provoquer de sa part les confidences
» plus ou moins pénibles qu'il pouvait avoir à
» lui faire. Elle s'empressait toujours d'adou-
» cir de son mieux leurs chagrins par des pa-
» roles affectueuses, et d'alléger leurs privations
» par des secours en argent ou en nature, sui-
» vant les circonstances. Pour eux sa porte
» était toujours ouverte. Aussi tous venaient-ils
» à elle avec confiance, assurés d'avance du
» bon accueil qui leur serait fait. Les men-

» diants de la rue, non plus, ne lui tendaient
» jamais en vain la main. Ils couraient à elle du
» plus loin qu'ils l'apercevaient : et tous rece-
» vaient leur obole. Mais leur nombre était quel-
» quefois si grand — car la mendicité n'était pas
» interdite alors, et Montauban en regorgeait,
» que ses prévisions étaient parfois dépassées —
» et son porte-monnaie vidé avant l'arrivée des
» derniers. Elle prenait alors la peine de leur
» expliquer l'impossibilité où elle était de leur
» donner, d'un ton si naïvement peiné qu'elle
» semblait solliciter un pardon pour son impré-
» voyance ou son oubli. Ces pauvres, gens
» étaient si convaincus de la sincérité de son
» regret qu'ils n'hésitaient pas à lui dire avec
» une sorte de familiarité touchante en leur ex-
» pressif langage : *Eh! bé méou, pécairé, sara
» per un aoûtré cop.* (Eh bien, ma bonne dame,
» ce sera pour une autre fois), et ils s'empres-
» saient de s'éloigner, comme s'ils eussent
» craint d'accroître ses regrets par la conti-
» nuité de leur présence auprés d'elle.

» Sa fortune, peu considérable pour sa posi-
» tion sociale et la nombreuse famille que le
» Ciel lui avait donnée, ne lui permettait pas
» d'être aussi généreuse qu'elle l'aurait voulu.
» Mais dans ses prévisions de dépenses, la
» part des pauvres était toujours prélevée et

» mise à part. Plus d'une fois ce cher petit
» trésor de sa charité se trouva épuisé avant le
» terme fixé pour sa durée, mais sa piété in-
» dustrieuse trouva toujours le moyen de répa-
» rer, tant bien que mal, le vide qui s'y était
» prématurément produit.

» Soigneuse de mettre par écrit toutes ses
» dépenses personnelles pour mieux les régler,
» ou les réduire même lorsqu'elle le jugeait
» nécessaire, ma mère laissait à Dieu seul le
» soin de prendre note, pour l'inscrire à son
» avoir dans le livre de vie, de ce qu'elle pou-
» vait consacrer au soulagement des pauvres
» et aux bonnes œuvres. Il m'est dès lors im-
» possible de donner aucun détail sur les lar-
» gesses de sa charité : mais la somme en serait
» énorme, et certainement elle nous étonnerait
» par sa disproportion avec le chiffre de ses
» revenus, s'il était possible de faire la supputa-
» tion de tout ce qu'elle a donné pour payer aux
» uns leur loyer, fournir à d'autres du linge et
» des vêtements pour se couvrir, ou du bois
» pour réchauffer leurs pauvres mansardes
» ouvertes à tous les vents. Les tout petits en-
» fants à la mamelle avaient le don de lui ins-
» pirer une pitié toute particulière. Il serait im-
» possible d'énumérer tous les langes, les
» maillots, les tricots de laine et autres pièces

» de linge qui font partie d'une layette d'enfant,
» qu'elle a donnés aux mères de famille sans res-
» sources. Durant les dernières années de sa
» vie, alors que sa mauvaise vue lui interdisait
» tout travail à l'aiguille, elle tricotait sans cesse
» de petits bas, des jupons et des corsages en
» laine pour ces pauvres petites créatures du
» bon Dieu qu'elle savait grelottant, sous leurs
» vieilles hardes en lambeaux.

» Mais ce n'était pas seulement l'infortune en
» haillons qui excitait la commisération de ma
» mère. Celle, en effet, qui est voilée par des vête-
» ments moins délabrés, qui, loin d'étaler ses
» misères au grand jour, les dissimule de son
» mieux et qui, par cela même qu'elle se cache,
» est plus délaissée, lui paraissait plus parti-
» culièrement digne de pitié.

» Nous avons eu à ce point de vue, à Montau-
» ban, de 1840 à 1843, un douloureux spectacle.
» La longue guerre si brillammennt soutenue
» par les carlistes espagnols contre la révolu-
» tion venait de cesser complètement, par suite
» de la trahison de leur général en chef Maroto,
» à Vergara. Quelques vaillants débris de l'ar-
» mée royale, trahis et vaincus, mais toujours
» fidèles à leur roi, voulurent encore continuer
» une lutte désormais impossible. Vivement
» poursuivis et traqués sans trêve ni merci, ils

» se virent bientôt refoulés à la frontière et
» obligés de chercher un refuge en France. Un
» grand nombre d'officiers furent internés à
» Montauban. La plupart étaient sans ressour-
» ces, et les faibles subsides qui leur furent
» alloués par le gouvernement français étaient
» tout à fait insuffisants pour les faire vivre.

« On comprend sans peine ce que durent
» être les souffrances morales et physiques de
» ces malheureux, plus ou moins habitués jus-
» que-là aux aises de la vie, quand ils se virent
» soumis à toutes les privations de l'indigence,
» et torturés en outre, dans leur honneur de sol-
» dats et de légimistes, par l'humiliation de la
» défaite et la ruine de leurs espérances poli-
» tiques. En présence d'une aussi grande
» détresse, chacun rivalisa de zèle pour leur
» venir en aide. Mais comme tous les secours
» n'étaient point contralisés, il n'y avait pas
» d'ordre dans leur distribution, et il y eut un
» certain nombre de ces malheureux proscrits
» qui, moins en vue ou moins remuants que les
» autres, eurent grandement à souffrir.

» C'est à ceux-ci en particulier que ma mère
» réservait toutes ses compassions, surtout
» quand il y avait des femmes et des enfants
» avec eux. Leurs souffrances alors grandis-
» saient dans la proportion de leurs besoins, et

» leur fierté toute castillane s'efforçait néan-
» moins encore d'en dissimuler l'étendue. Aussi
» est-ce avec des ménagements infinis qu'elle
» devait faire arriver ses secours à ces soldats
» malheureux qui n'étaient point faits pour
» tendre la main, et dont les récents revers
» avaient singulièrement aigri le cœur.

» Mon père éprouvait les mêmes impressions,
» et il se sentait, comme sa femme, profondé-
» ment ému de compassion pour tant d'infor-
» tunés. Il les visitait avec elle, autant du moins
» que son grand âge pouvait le lui permettre,
» dans leurs pauvres demeures, pour leur bien
» montrer que, dans leur pensée, il n'existait
» aucune différence entre leur niveau social
» et le leur. Ils les attiraient chez eux, et les
» invitaient même assez souvent à leur table.
» Par toutes ces attentions, ma mère parvenait
» parfois à provoquer, de la part de ces malheu-
» reux, bien des confidences pénibles qui lui
» permirent d'apporter un peu de bien-être à
» leur foyer et atténuer ainsi les âpretés
» morales de leur situation. Ces braves gens,
» malheureux, mais sensibles et reconnais-
» sants, n'oublièrent jamais la délicatesse et la
» générosité de cette assistance. Plusieurs,
» après être rentrés dans leur patrie, sont reve-
» nus en France pour témoigner à mes parents

» que le souvenir de leurs bienfaits était tou-
» jours vivant dans leur cœur ; d'autres qui ne
» purent effectuer ce voyage, leur exprimèrent
» par écrit les mêmes sentiments de grati-
» tude.

» Ce n'est pas seulement dans la main tendue
» de l'indigence qu'allaient tomber toutes les
» offrandes de ma mère : ses compassions
» visaient en même temps d'autres besoins. La
» nudité et l'espèce d'abandon où semblaient
» languir un grand nombre d'églises de cam-
» pagne dans la première moitié de ce siècle,
» désolaient son cœur chrétien, et elle s'effor-
» çait de son mieux d'y remédier autour d'elle.
» Grâce à ses dons, un vase sacré d'un métal
» précieux venait ici remplacer celui dont le
» malheur des temps avait fait tolérer jusqu'à
» ce jour la composition irrégulière : là des
» ornements simples, mais neufs et corrects pre-
» naient la place de ceux que leur vétusté aurait
» dû, depuis longtemps, proscrire, mais dont
» l'indigence du desservant et la détresse
» encore plus grande de la fabrique avaient dû
» prolonger outre mesure le service. Par ses
» soins, des nappes de fin lin en très bon état et
» autres garnitures venaient couvrir plus con-
» venablement l'autel que les anciennes, et des
» chandeliers de métal doré permettaient de

» mettre au rebut les formes en bois, ver-
» moulues et sans grâce, dont on avait dû se
» contenter jusque-là. Grâce à sa générosité, la
» communauté religieuse des ursulines voyait
» un jour sa chapelle se parer d'un orgue pas-
» sable, dont les symphonies, alternant avec
» les chants liturgiques, soulageaient consi-
» dérablement les poitrines fatiguées des sœurs
» et relevaient avec avantage la beauté des céré-
» monies.

» Plus tard, c'était une maison de charité de
» la ville dont une forte dette de pain à tout
» moment exigible menaçait l'existence. A la
» suite de plusieurs années de disette et de
» l'excessive élévation de prix du pain qui en
» était résulté, cette dette avait fini par arriver à
» une somme de plusieurs milliers de francs que
» la communauté était absolument incapable de
» pouvoir jamais solder. Ma mère ne pouvait
» se charger seule d'une aussi forte dépense :
» mais elle proposa à son frère de participer à
» la bonne œuvre, et, à eux deux, ils désintéres-
» sèrent le boulanger. Ce pieux asile put ainsi
» continuer à demeurer ouvert à l'indigence et
» au repentir.

» C'est vers ces derniers temps que Montau-
» ban vit une foule d'œuvres nouvelles, ayant
» chacune une utilité spéciale et incontestable,

» se fonder les unes après les autres. Ma mère
» ne pouvait plus, à cause de son âge, leur prê-
» ter un concours actif, mais elle contribua tou-
» jours à leur fondation et à leur entretien
» par ses offrandes et ses souscriptions an-
» nuelles. »

XVII

« Je n'ai pas besoin de pousser plus loin le
» détail de ses charités toujours renaissantes
» sous leurs formes multiples; ce que j'en ai
» dit doit suffire, ce me semble, pour qu'on
» puisse en apprécier le caractère et la portée.
» Je vais maintenant, monsieur, vous dire
» quelle était, à un autre point de vue, son ex-
» cessive charité pour le prochain. Elle se mon-
» trait pour tous constamment bienveillante et
» gracieuse, et elle évitait avec un soin scrupu-
» leux, dans ses conversations, non seulement
» tout ce qui était de nature à porter la moindre
» atteinte à l'honneur du prochain, mais même
» à tout ce qui, de près ou de loin, aurait pu lui
» causer du déplaisir ou être l'occasion, pour
» lui, du moindre froissement. Attentive à faire
» ressortir tout ce qu'il pouvait y avoir, en lui,
» d'avantageux ou d'honorable, elle ne laissait

» jamais rien soupçonner de ce qu'elle pouvait
» connaître, à son sujet, de défectueux, de ridi-
» cule ou de blâmable. Parfois elle a pu se
» trouver mêlée à des conversations dont il ne
» lui était pas possible de conserver la direc-
» tion. Ces propos oiseux du monde, vous le
» savez, aboutissent à peu près toujours à des
» railleries plus ou moins piquantes, et parfois
» même à des critiques impitoyables sur le
» compte du prochain. Mécontente et attristée,
» elle gardait, dans ce cas, le silence le plus
» absolu; mais l'expression de son visage
» trahissait, même à son insu, cette double im-
» pression et ne laissait à la personne qui
» s'était permis de pareils écarts aucun doute
» sur la peine qu'elle lui avait causée. Elle
» n'ouvrait plus la bouche que pour profiter de
» la première occasion qui pût lui permettre
» d'aborder un autre sujet. Ces courts détails
» suffisent pour caractériser la délicatesse ex-
» trême de ma mère dans une question sur
» laquelle on se fait généralement tant d'illu-
» sions dans le monde, où elle entretient et
» anime, à peu de frais, la plupart des conver-
» sations. Il est si facile d'avoir l'esprit ou du
» moins de se le persuader à soi-même et de le
» faire croire aux autres, en déchirant son
» prochain, en brodant avec plus ou moins de

» malice et d'agrément quelques-unes de ses
» mésaventures !

» Ai-je besoin de dire, après cela, toute la
» répulsion que ma mère éprouvait pour les
» paroles libres ou seulement légères ? Elle
» était trop connue pour qu'on osât en hasarder
» une seule devant elle. Si, par impossible, un
» pareil oubli des convenances se fût produit, ce
» n'est pas seulement par une improbation
» muette qu'elle l'eût accueilli, mais, toute douce
» et déférente qu'elle pût être, elle n'aurait point
» hésité, au risque d'être impolie, de couper la
» parole à cet imprudent et de parler d'autre
» chose. Sa délicatesse en cette matière, surtout
» en présence de ses filles, était inexorable. Car
» elle était profondément convaincue qu'on ne
» saurait avoir jamais assez de respect pour de
» jeunes âmes qui, sous l'œil vigilant et jaloux
» de leur mère, ont pu conserver dans tout
» l'éclat de sa blancheur la robe de leur inno-
» cence, comme l'avaient fait mes sœurs.

» Elle évitait, autant que possible, qu'il ne fût
» pas trop question devant elles même de ces
» bruits de mariages conclus ou en train de se
» négocier, qui sont ordinairement recueillis
» avec une avidité quelque peu intempérante,
» et commentés souvent ensuite avec autant
» de malignité que d'inconvenance. Nous

» étions si bien habitués à la plus grande ré-
» serve sur cette matière, que nous nous gar-
» dions bien, mon frère et moi, de répéter en
» famille les différents bruits de ce genre que
» nous avions pu recueillir en ville.

» Je me rappelle, à cette occasion, que lors-
» qu'il fut question de mon mariage, je demeu-
» rai fidèle à ces habitudes de réserve, et je
» n'en soufflai mot à mes sœurs, pendant toute
» la durée des négociations, qui traînèrent
» quelque temps en longueur. Je ne leur en
» parlai que lorsque la conclusion en fut défi-
» nitivement arrêtée. Une d'elles s'était tout
» à fait formalisée, quand elle le sut, du silence
» que j'avais gardé jusque-là avec elle ; elle
» l'attribuait à un manque d'affection et de con-
» fiance. Mais une explication des plus ami-
» cales sur le véritable motif de ma manière
» d'agir, en cette circonstance, suffit pour dissi-
» per un nuage qui ne pouvait être, dans tous
» les cas, que bien léger entre nous, car nous
» nous affectionnions bien sincèrement les uns
» les autres.

» Quelques personnes, au premier abord, se-
» ront peut-être tentées de trouver exagérées
» tant de précautions et de réserve ; mais un peu
» de réflexion devrait, ce me semble, suffire pour
» leur faire comprendre qu'en agissant ainsi, ma

» mère s'était inspirée de la plus sage des pré-
» voyances. Il ne faut pas oublier en effet qu'il
» n'est pas permis à la jeune personne, comme au
» jeune homme, de prendre la moindre initiative
» au sujet du mariage. On ne peut pas dès lors
» savoir si l'occasion lui sera jamais fournie de
» s'établir. Au lieu donc de lui faire croire, en
» lui en parlant sans cesse, que le mariage est le
» couronnement obligé de toute vie de jeune fille,
» ne vaut-il pas mieux lui laisser entrevoir la
» possibilité de n'avoir jamais à quitter le foyer
» paternel. Or le silence le plus absolu sur ces
» matières est le meilleur moyen de le lui per-
» suader. On est du moins sûr de lui éviter par
» là bien des préoccupations, et de la soustraire
» à ces regrets dévorants qui rongent, longtemps
» à l'avance, l'âme d'une jeune personne, quand
» elle s'est laissé dominer par un désir immo-
» déré de s'établir, et qui finissent par l'ulcérer
» profondément, lorsqu'elle voit les années
» s'envoler, les unes après les autres, sans que
» jamais viennent se réaliser ses imprudentes
» aspirations. En cela donc aussi, je ne crains
» pas de l'affirmer, ma mère nous a donné un
» bon et salutaire exemple.

» A toute mère de famille assez profondé-
» ment pénétrée de toute l'étendue de ses de-
» voirs pour l'imiter dans ces ombrageuses dé-

» licatesses, je prédis, sans craindre d'être dé-
» menti par les faits, qu'elle n'aura jamais à le
» regretter ; car la façon d'agir contraire est
» pleine de périls et peut, tôt ou tard, donner
» lieu à de douloureux repentirs.

» Avant de clore ces quelques renseigne-
» ments, permettez-moi, monsieur, d'ajouter
» quelques mots pour prévenir une méprise
» de la part de vos lecteurs. Ce que vous avez
» déjà eu l'occasion de dire sur la force
» d'âme dont ma mère a fait preuve, dans les
» circonstances les plus critiques, et le calme,
» en quelque sorte contre nature, qu'elle a su
» conserver, dans les moments les plus douleu-
» reux, pourraient leur laisser croire que son
» cœur n'était pas aussi accessible qu'un autre
» à ces sensibilités profondes et vives qui se
» manifestent le plus souvent à l'extérieur par
» le saisissement ou les larmes. Ce serait
» une erreur, car elle a eu, comme toutes
» les mères, ses heures d'émotion et de faiblesse.
» Je me rappelle encore l'insurmontable dé-
» faillance dont elle se sentit, un jour, saisie au
» moment où l'une de ses filles dut subir, à
» l'âge de quelques mois, une opération chirurgi-
» cale reconnue nécessaire. Elle ne se sentit pas
» le courage d'y assister et, toute affligée et humi-
» liée qu'elle pût être, elle dut confier à d'autres

» mains que les siennes le soin de tenir sa chère
» enfant sur les genoux, dans un moment si
» douloureux. Elle agit prudemment : car elle
» nourrissait elle-même sa pauvre petite fille, et
» elle n'aurait pu lui donner, pour la consoler,
» qu'un lait nécessairement fort troublé par la
» commotion violente, que les cris désespérés
» de l'enfant et la vue du sang qui jaillit sous
» les atteintes du bistouri, n'auraient pas man-
» qué de produire.

» Quelques années après, elle perdait, à l'âge
» de six ans, le plus jeune de ses fils, qui lui fut
» enlevé par une subite invasion de croup,
» dont rien ne put arrêter la foudroyante inva-
» sion. Elle fut si profondément atteinte par ce
» coup que, pendant bien des années, elle ne
» pouvait, je ne dis pas, parler de son enfant,
» mais entendre même prononcer son nom,
» sans que ses yeux ne se remplissent de
» larmes, et que sa voix oppressée ne vînt ex-
« pirer sur ses lèvres.

» Après cette courte digression que vous
» voudrez bien excuser, monsieur, je m'arrête ;
» car il me faut bien clore ces lignes, déjà trop
» longues peut-être, que ma plume cependant
» s'oublierait si volontiers à prolonger indéfini-
» ment, en parlant de ma mère. »

8.

XVII

Cette communication dont nous n'avons pas cru devoir retrancher une phrase, nous dispense de poursuivre plus loin l'examen de cette vie si édifiante et si sainte.

Nous voici donc naturellement amenés à cette heure douloureusement solennelle, où la mort vint, en avril 1850, enlever à Mme d'Elbreil celui auprès duquel elle avait coulé de si heureux jours

Ce ne fut pas par un coup foudroyant, comme celui qui lui avait ravi si cruellement son dernier né, qu'elle se vit séparée pour toujours ici-bas, de cette existence si chère. M. d'Elbreil était beaucoup plus âgé que sa femme, et il avait achevé sa quatre-vingt-quatrième année quand il ressentit les premières atteintes de la longue maladie qui le conduisit au tombeau. Ce fut pour tous une cruelle épreuve, et sa longue durée, en mettant en relief la patience inaltérable et la résignation chrétienne du vieillard, fit ressortir plus vivement encore l'affection si profonde et si tendre dont tous les membres de sa famille étaient pénétrés pour leur chef vénéré.

Entrer dans le détail des soins affectueux et empressés dont il fut l'objet durant ces longs mois, c'est chose impossible ; il nous suffira de dire qu'ils furent tout ce qu'on pouvait attendre de cœurs si aimants et si religieusement dévoués. Mais Mme d'Elbreil, ai-je besoin de l'ajouter ? se faisait remarquer par son inquiète et incessante surveillance à laquelle rien n'échappait ; elle demeura en quelque sorte clouée au chevet du lit de son cher malade, durant les dernières semaines surtout qui précédèrent son décès.

Son attention ne se portait pas seulement sur les soins à donner à son corps : son âme était encore plus, en ce moment suprême, l'objet de ses préoccupations les plus vives. Ce n'est pas qu'elle eût quelque sujet d'appréhension particulière, à ce point de vue. Oh ! non ; M. d'Elbreil, strictement fidèle à ses devoirs de chrétien, ne pouvait, à cet égard, laisser aucune crainte autour de lui : mais sa femme avait une si haute idée de la grandeur de Dieu qu'elle tremblait toujours, pour elle comme pour les siens, de ne pouvoir atteindre ce haut degré de perfection qu'il faut avoir acquis pour paraître dignement devant lui. Il n'est sorte de précautions délicates et de douces attentions qu'elle ne mît en jeu pour entretenir son cher malade, sans cependant se montrer importune, de pensées pieuses et tenir ainsi son cœur constamment réchauffé de l'amour de Dieu et soutenu par les célestes espérances d'une meilleure vie. C'est ainsi qu'à force de tendresse pour une âme si chère, elle était parvenue à refouler au fond de son cœur l'émotion qui le brisait, pour lui ménager une plus ample moisson de mérites, tout en lui adoucissant les douloureuses âpretés du grand sacrifice qu'il avait à faire.

Le pieux vieillard ne se faisait aucune illusion sur son état. Aussi, quand tout espoir fut absolument perdu, et que des signes malheureusement trop certains d'une fin prochaine se furent manifestés, on put, sans craindre de porter le moindre trouble à la sérénité calme et résignée de son esprit, appeler encore une fois auprès de lui le prêtre qui, durant cette longue maladie, avait si bien pris soin de son âme. Quelques minutes d'entretien et l'absolution sacramentelle achevèrent de la dégager entièrement des légères taches qui pouvaient en altérer la blancheur et la rendre plus digne de recevoir une dernière fois son Dieu. Le mourant, en parfaite possession de lui-même et dans la plénitude de ses facultés, le reçut avec une foi vive et profonde et demeura, quelque temps, silencieux et recueilli, comme pour ne laisser échapper aucune des douces pensées et des ineffables émotions qui lui étaient communiquées par le divin consolateur.

Peu de moments après, l'agonie se déclarait avec toutes ses langueurs, ses oppressions et ses faiblesses, qui rendent ces dernières heures si cruelles pour le pauvre agonisant, et d'autant plus déchirantes pour les parents qui y assistent qu'ils savent que rien ne peut alléger ces souffrances ni détourner le coup prêt à s'abattre sur la victime.

A partir de ce moment, Mme d'Elbreil ne pense plus qu'à l'âme de celui dont elle va être séparée pour toujours : elle n'est occupée que d'une seule chose, lui rendre plus facile et moins dur le passage du temps à l'éternité. A genoux aux pieds de son lit, elle adresse à Dieu, pour son cher mourant, les plus ardentes prières, et elle lui offre les cruelles tortures dont son propre cœur est déchiré, en expiation des moindres manquements, des plus petites défectuosités qu'il pourrait y avoir à racheter en lui. Elle aspire si ardemment à ouvrir la porte du ciel à cette âme si chère qu'elle aiguillonne en quelque sorte sa propre souffrance morale, afin de donner à son holocauste plus de valeur et de puissance. L'héroïsme de son sacrifice se soutient, sans la moindre défaillance, tant que l'âme donne encore quelque apparence de vie à ce corps qu'elle se dispose à abandonner, parce qu'elle sait qu'elle bénéficiera des mérites qu'elle-même peut acquérir encore pour elle. Mais, lorsqu'il n'est plus possible de se faire illusion, et que le dernier souffle de vie s'est exhalé avec son âme de sa dépouille terrestre, la corde trop tendue se rompt, et la pauvre veuve s'affaisse en quelque sorte dans les bras de ses enfants qui, à son exemple, avaient comprimé de leur mieux leurs angoisses, et qui confondent maintenant avec elle leur douleur commune dans une explosion vraiment déchirante de pleurs et de sanglots.

XVIII

A partir de cette époque, Mme d'Elbreil se montra plus que jamais absorbée dans la poursuite, toujours plus ardente, de la perfection chrétienne. Enrôlée sous l'humble bannière du tiers ordre de Saint-François, elle en observait rigoureusement les pieux statuts, jeûnant aux jours indiqués, et récitant fidèlement les heures canoniales, de la manière et aux temps prescrits. Elle le faisait simplement et sans bruit, et elle s'arrangeait toujours pour ne contrarier en rien les habitudes et le train ordinaire de la maison. Seulement, ses stations à l'église, le matin et le soir, y étaient encore, s'il est possible, plus recueillies et toujours plus prolongées : son attrait pour l'oraison mentale l'y retenait plus que jamais absorbée dans ce pieux exercice. On voyait bien que la pensée de la présence de Dieu ne s'éloignait pas un instant de son esprit. Aussi toutes les qualités éminemment chrétiennes de cette âme d'élite dont nous avons parlé dans notre récit, acquirent-elles, par la suite, de l'accentuation plus caractérisée de ses aspirations ardentes vers la perfection évangélique, un relief et un éclat tout nouveaux.

Inaccessible aux manies égoïstes, grondeuses ou inquiètes, qui ne déparent que trop souvent les cheveux blancs de la vieillesse et portent une si rude atteinte aux égards et aux respect qu'elle serait en droit d'attendre de ceux qui l'entourent, Mme d'Elbreil demeura toujours jeune par la persistance de sa condescendance extrême, de l'égalité de son humeur et la douceur inaltérable de ses rapports. Le

calme et la sérénité de son intérieur se reflétaient
du reste fidèlement sur ses traits souriants et
doux. Ses dernières années furent une véritable préparation, sans discontinuité, à ce moment
redoutable pour tant d'autres, mais tant désiré
pour elle, qui devait, au sortir de cette vie,
mettre son âme en présence de Dieu, l'arbitre
souverain de son sort pendant toute l'éternité.
Elle ne survécut du reste que bien peu d'années
à son mari.

Elle eut le bonheur, avant de mourir, de voir
le grand événement de ce siècle, qui a été le
point de départ de la rénovation religieuse
si remarquable de ces dernières années, la pro-
clamation doctrinale du dogme de l'Immaculée
Conception de la Sainte Vierge par Pie IX, de
douce et sainte mémoire. C'est le 8 décembre
1854 que ce grand pape en fit, en vertu de son
infaillibilité pontificale, la solennelle proclama-
tion en présence de plusieurs centaines d'évê-
ques, accourus à sa voix de toutes les parties
du monde, pour se porter garants de la croyance
conforme universellement admise déjà dans
l'Eglise, et promettre de veiller à ce que
nul désormais ne vînt impunément refuser
à la mère de notre divin Sauveur la reconnaissance de sa glorieuse et désormais indiscutable
prérogative. Un jubilé fut accordé, à cette occa-

sion, à toute la catholicité, avec la faculté pour chaque évêque de désigner le mois de l'année suivante durant lequel le nouveau dogme devrait solennellement être proclamé dans son diocèse, et la grande indulgence gagnée.

Le mois de mai 1855 fut désigné, dans le nôtre, pour cette solennelle promulgation. On se prépara partout à lui donner le plus d'éclat possible, et l'on vit tous les catholiques, sans distinction d'âge ni de condition, travailler partout aux apprêts de la fête avec un entrain soutenu et une ardeur qu'on n'aurait pas cru pouvoir se produire dans un siècle si malheureusement dévoyé, ou du moins en apparence si indifférent, en matière religieuse, que le nôtre.

L'explosion inattendue de ces sentiments témoignait hautement de l'accueil enthousiaste fait à la providentielle inspiration de notre grand Pontife.

Montauban se fit remarquer par l'activité et le luxe relatif avec lesquels la plupart de nos concitoyens s'efforcèrent de donner à la fête un éclat tout à fait inaccoutumé. Le courant se trouva bientôt si puissant qu'au bout de peu de jours les plus indifférents et les récalcitrants eux-mêmes de la première heure se sentirent touchés, et se laissèrent, eux aussi, emporter par l'impulsion commune.

Dans la famille de Mme d'Elbreil, avons-nous besoin de le dire, on n'attendit pas cette dernière heure pour se mettre à l'œuvre. On se prépara longtemps à l'avance, sous sa direction, à orner la façade de l'hôtel aussi bien que possible, par un intelligent mélange de banderoles aux couleurs pontificales et de fraîches bannières à la couleur blanche et rose de la Reine du ciel. Des cordages verdoyants, des guirlandes et de gracieux transparents avaient été habilement combinés avec les mille lampions qui devaient jeter leurs flammes, comme des rayons lumineux concentrés sur une belle statue de Marie conçue sans péché placée au centre de cette ingénieuse disposition.

Mme d'Elbreil ne pouvait guère payer de sa personne, à cause de son grand âge et du dépérissement de ses forces; mais elle put encore découper, de ses propres mains, quelques fleurs et en nouer d'autres aux couronnes de verdure et aux guirlandes qui devaient faire partie de la décoration projetée. Elle soupirait, comme tous les membres de sa famille et tous les habitants de la cité, après le grand jour où il lui serait donné de jouir du beau spectacle d'une ville entière faisant éclater, de son plein gré et d'une façon si unanime, ses joies et ses transports, au sujet du nouveau et solennel triomphe de la bienheureuse Vierge Marie, Reine des cieux et Mère de notre divin Sauveur. Malheureusement, dans la matinée du premier dimanche de mai, jour fixé pour cette grande célébration, un vent violent mêlé de fréquentes et impétueuses rafales de pluie, vint tout à coup entraver la pose des décorations en projet et détruire la plus grande partie de celles qu'on était déjà parvenu, à grand'peine, à mettre en place. On dut donc ajourner la fête au dimanche suivant et puis encore à l'autre, par suite de la persistance de ce trouble atmosphérique.

Mais, dans l'intervalle, la maladie dont, depuis quelques jours, Mme d'Elbreil avait ressenti les premières atteintes, prit tout à coup une gravité inattendue et fit des progrès effrayants qu'aucun remède ne put arrêter. Un foudroyant accès pernicieux se déclara, et cette mère si justement chérie et vénérée fut enlevée, en quelques heures, à la tendresse de ses enfants, après avoir reçu les derniers secours de notre sainte religion. Elle ne put jouir ici-bas du beau spectacle tant désiré de ces brillantes réjouissances; mais, du haut du ciel, elle put sourire au succès vraiment triomphal de la fête du troisième dimanche de mai, dont on gardera longtemps le souvenir à Montauban. Cette journée fut vraiment un jour de triomphe pour la Reine des cieux, dans notre cité. Pas une maison habitée par des catholiques qui n'eût sa parure de fleurs et de verdure, et la ville entière, le soir venu, était, on peut le dire sans exagération, toute ruisselante de lumière. La population, en habits de fête, au visage épanoui, parcourait les rues et mêlait, avec le plus joyeux entrain, sa voix aux chants harmonieux que divers chœurs improvisés d'hommes ou de jeunes filles faisaient entendre, à la fois, dans tous les quartiers de la ville.

La famille d'Elbreil, plongée dans la plus profonde douleur par la cruelle perte qu'elle venait d'éprouver, ne pouvait se mêler à ces démonstrations extérieures de bonheur qui débordait de tous les cœurs : mais, loin de rien retrancher à tout ce qui avait été préparé en l'honneur de la Vierge immaculée, elle s'attacha au contraire à reproduire fidèlement l'ornementation de la façade de l'hôtel telle qu'elle avait été projetée, sous la direction de leur chère et si justement regrettée défunte. On se contenta d'y adapter, sans en altérer la gracieuse combinaison, une invocation toute particulière et toute de circonstance à la *consolatrice des affligés*.

Nous n'avons rien dit des honneurs funèbres rendus à la vénérée défunte, pour ne pas interrompre le récit des fêtes de la Vierge ; pourquoi d'ailleurs y insister ? Qu'il nous suffise de dire que ses obsèques furent ce qu'elles devaient être, pleines de tristesse pour les parents et les amis qui étaient venus leur faire cortège, mais consolantes par le nombre et l'attitude recueillie des assistants, jaloux de témoigner, par leur présence, la vénération sympathique dont ils se sentaient pénétrés pour cette douce et sainte mémoire.

Les pauvres surtout y vinrent, en grand nombre, prier pour celle qu'ils se plaisaient à désigner sous le nom de la mère des pauvres. La tristesse peinte sur tous les visages, l'émotion mal contenue et les larmes d'un grand nombre d'entre eux disaient hautement toute l'étendue de leurs regrets et leur reconnaissance pour tout le bien qu'elle leur avait fait.

Nous voici arrivé à la ı
Avons-nous atteint le but quι
vue ? Avons-nous suffisamment nι
cette existence qui s'était toujours sι
ment tenue à l'écart ? Avons-nous fait ι
comme elle le méritait, cette âme d'élι

dans sa modestie extrême, s'ignorait réelle-
ment elle-même et qui semblait prendre à
tâche de se faire ignorer des autres? Nous n'o-
serions nous en flatter. Mais nous espérons
cependant qu'en faisant le jour sur certains
coins du tableau, nous aurons réussi du moins
à mettre mieux en relief une vie toute d'abnégation, de dévouement et de véritable piété sur
laquelle ses petits-fils et arrière-petits-fils, à qui
est destiné ce travail, pourront calquer et mo-
deler la leur.

Paris-Auteuil. — Imp. des Apprentis orphelins. Roussel, 40, rue La Fontaine.

9 782329 792743